포이어바흐의 『기독교의 본질』 읽기

세창명저산책_085

포이어바흐의 『기독교의 본질』 읽기

초판 1쇄 인쇄   2021년 9월 9일
초판 1쇄 발행   2021년 9월 16일
—
지은이   양대종
펴낸이   이방원
기획위원   원당희
편 집   조상희·김명희·안효희·정조연·정우경·송원빈·최선희
디자인   손경화·박혜옥·양혜진   **영 업**   최성수
—
펴낸곳   세창미디어

　　　신고번호 제2013-000003호   **주소** 03736 서울시 서대문구 경기대로 58 경기빌딩 602호
　　　전화 02-723-8660   **팩스** 02-720-4579   **이메일** edit@sechangpub.co.kr   **홈페이지** http://www.sechangpub.co.kr
　　　블로그 blog.naver.com/scpc1992   **페이스북** fb.me/Sechangofficial   **인스타그램** @sechang_official
—
ISBN   978-89-5586-705-3   02160

ⓒ 양대종, 2021

Ludwig Andreas von
FEUERBACH

세창명저산책_085

양대종 지음

포이어바흐의 『기독교의 본질』 읽기

세창미디어
MEDIA

참된 종교의 내용:
인간 속의 가장 신적인 것에 대한 경배

인류의 역사에서 철학과 신학이 동전의 앞뒷면처럼 유사해 보이는 인간의 길들을 걸으며 욕망과 질서, 현실과 이상 그리고 정신의 고양과 구원을 모색해 온 것은 우연이 아닐 것이다. 각각 이성과 영성을 추구하는 이 두 영역에서 공통분모인 인간을 제외하고는 철학도 신학도 올바로 서기가 불가능하기 때문이다.

물론 처음에 유사해 보이던 것들이 나중에 다른 목표를 향하고 있었다는 것이 드러나는 역사적 지점들은 산적해 있다. 이념사에 있어서도 연합, 공존, 모략, 배반, 참칭과 월권 등을 통한 전략적인 합종연횡은 힘의 향배를 재는 모든 전쟁에서처럼 비일비재하게 일어나는 일이다. 어제의 원수와 연합하여 오늘의 동지를 제압하고 내일의 패자가 되는 일이 물리적 전쟁처럼 선연하지는 않을지 모르나, 화석화되는 것들이 없는 이념의 전쟁에서 이 다이내믹한 긴장이 더 장구히 흐르는 것은 당연한 일일 것이다. 복류수伏流水처럼 인문의 바닥을 눈에 보이지 않게 흐르다가 되살아나는 고래古來의 사상들과, 그들이 전사로 삼아 내보내는 사상가들 간의 설전과 논쟁을 살피는 일은 그래서 흥미진진한 일이다.

19세기 헤겔 진영의 내부에서 청년헤겔학파는 보수적인 헤겔주의자들의 종교 이해에 급진적인 비판을 가했다. 이 비판은 절대정신의 부패를 이야기하는 마르크스와, 역사적 예수에 대한 조명을 통해 예수의 신성을 부인하는 슈트라우스David Friedrich Strauß 등의 사상가들을 통해 견고해지기에 이른다. 브루노 바우어Bruno Bauer는 개신교 역사를 계몽하는 작업을 위해 역사적인 성경 비판을 이용하였고 『기독교의 본질』이 출간된 1841년에는 헤겔을 완벽한 무신론자이자 반기독교인으로 해석하는 글을 발표하기도 했다.*

하지만 지적인 대중에게 더 영향을 끼쳤던 19세기 종교 철학의 가장 중요한 책은 바로 포이어바흐의 『기독교의 본질』이었다. 헤겔좌파 사상가들의 해석에 공통되는 것은 기독교라는 종교를 신의 종교가 아니라 인간 주체의 창조물로 보는 것인데, 이러한 철학적 움직임의 극단에 있는 사람이 바로 포이어바흐다. 그에 의하면 신에 대한 믿음은 환상에 불과한 것이며, 기독교의 근본 원칙은 인간의 근절할 수 없는 소망을 현실화하려는 인간의 욕망일 뿐이다. 그래서 기독교의 본질은 위장된 인간 마음의 본질에 불과한 것으로 드러나기에 이른다. 따라서 인간의 본질을 탐구하는 철학은 이제 스스로의 영역 안에 이미 기독교의 본질을 가지고 있는 것이며, 기독교라는 수식어를 제거하고 인간 본질의 탐구라는 본령에 충실하기만 하면 되는 것이다.

종교적 믿음은 시대에 낙후한 유물이 되었고, 생각하는 인간의 품위와 정직함에 합당하지 않은 것이 되었다. 이러한 시대

---

* B. Bauer, *Die Posaune des jüngsten Gerichts über Hegel, den Atheisten und Antichristen. Ein Ultimatum*, in: H. Pepperle (Hrsg.), Die Hegelsche Linke, Leipzig, 1985, pp.235–372.

에 신앙을 고수하는 일은 기독교 탄생 초기의 순수함을 잃은 믿음이 스스로와 세계에 대한 기만을 노정하는 것일 뿐이다. 그래서인지 종교와 철학을 중재하려는 어떠한 시도도 포이어바흐에게서는 보이지 않는다. 그에게 철학은 이제 수학이 기독교와 관계가 없는 것만큼이나 신학에 낯선 것이 되었다. 철학사는 이러한 포이어바흐의 기독교 연구가 유물론적 종교관에 영향을 끼쳤으며, 종래에는 기독교를 삶이 삶에서 느끼는 구역질과 권태가 발현한 것이라고 보는 니체의 기독교 비판으로 연결되었다고 평가하고 있다.

완전성을 열망하는 인간이 자신의 약점들을 보완한 강하고 완전한 권위로서 창안해 낸 것이 바로 신神이라는 포이어바흐의 명제는 이미 1830년에 그가 익명으로 출간한 『죽음과 불멸성에 대한 고찰』에서부터 그 단초를 발견할 수 있다. 이 글에서 포이어바흐는 인간이 오래 가꿔 왔던 생각이자 기독교 사상의 중요한 요소인 죽음 이후의 삶을 부정하고 있다. 기독교적 영생을 거절하면서 그는 오히려 지금 이 순간에 영원한 것을 발견하는 것이 중요하다는 사실을 강조하고 있다. 후일 하이데거가 죽음을 애매한 일반적 죽음이 아니라 시간 속에 찾아와 있는 자신의 죽음으로 인정하고 선구할 때 비로소 한 개인의 인생에서 상주성이 경험된다고 했던 것과 유사하게, 포이어바흐는 죽음을 어찌할 수 없는 사실로 완전하게 인정하는 일이야말로 삶을 완전하게 긍정하는 전제라고 파악했다.

그에 의하면, 기독교는 삶 이후의 세계를 상정하여 삶과 죽음의 진지성을 보지 못하게 만들고 자연적인 인간의 삶을 피안의 세계의 노예처럼 만든다. 따라서 그로부터 벗어나는 것이야말로 인간이 자유롭고 진지한 이승의 삶을 시작하는 중요한 첫걸음이 된다. 포이어바흐는 신학적 형이상학을 비의적인 심리학이라고 비난한다. 스스로가 원인이 된 미성숙함에서 벗어나 자유를 찾는 계몽의 길은, 이 전도된 심리학에서 드러난 부분과 가려진 부분을 뒤집는 일이다.

『기독교의 본질』에서 포이어바흐가 내세우는 명제는 '기독교가 인간의 작품이며 투사의 결과물'이라는 것이 일반적인 철학사의 평가다. 그러나 포이어바흐 스스로는 투사Projektion라는 단어를 사용한 바가 없다. 그는 단순히 종교현상의 외면에서 드러나는 잘못된 추론이나 믿음에 대한 실제적인 정황을 밝혀내는 일뿐만 아니라, 종교의 상징과 해석을 통해 가려졌던 인간 심성의 내용들을 드러내는 일 역시 지향한다.

"신이 인간을 창조한 것이 아니라 인간이 자신의 형상대로 신을 창조했다!"라는 문장으로 요약되곤 하는 『기독교의 본질』은 본래적 인간성과 본래적 종교성을 밝히는 서론으로 시작한다. 포이어바흐에 대한 철학사적 평가에 일반적인 지식을 가진 독자라면, 논리적이고 평이한 그의 문장들을 따라가다 고개를 갸우뚱하면서 생각에 잠기게 될지도 모른다. 왜 이 책이 기독교 비판서라는 것인지 쉽게 이해가 안 갈지도 모른다. 오히려 잘못 전해져 온 형이상학적 기독교 전통을 헤쳐서 그 안에 감춰져 있었던 참다운 종교로서 기독교의 본모습을 밝혀내려는 목적에서 쓰인 책은 아닐까 하는 생각이 들기도 할 것이다.

기독교에 대한 신랄한 비판자로 알려져 있는 포이어바흐는 그의 주저인 이 책에서 어느 면에서는 기독교에 대해 적극적으로 이해하며 참다운 종교로서의 기독교의 원상을 복원해 내고 있는 사상가로 보이기도 한다. 그 스스로도 2판의 서문에서 자신이 이 책을 쓰면서 가지고 있었던 "불손한 대담함"에 대해 밝히고 있다. 그 불손한 대담함은 "근세의 거짓 기독교도들에 의해 얼버무려지고 거부된 참된 기독교를 과거의 암흑에서 광명으로 이끌어" 내려는 현상학적인 목적을 가지고 있다. 즉, "그리스도의 신부가 아직 순결하고 무구한 처녀였던 시대"로 돌아가 그녀가 풍요롭게 향수했던 "초자연적인 사랑의 비밀"을 드러내고 신학과 형이상학에 의해 오염되기 전의 참된 기독교의 본래적인 모습을 밝히는 것이 그의 저술 의도에 들어 있다는 것이다. 그리고 그렇게 드러나는 종교의 초자연적인 비밀의 근저에 아주 단순한 자연적 진리가 놓여 있다는 것을 증명하려는 것 역시 그의 저술 과제다. 그는 이 책을 저술하면서 스스로를 "정신적인 자연과학자"로 이해하고 있다. 사실 그 자체에 도달하려는 종교적인 현상학자로서 포이어바흐는 종교로 하여금 스스로 말하게 하려고 노력했노라고 고백하고 있다.

"나는 종교의 경청자 또는 통역인으로 나설 뿐이며, 종교의 후견인 역할을 하지 않는다. 발명하는 것이 아니라 발견하는 것, 사실을 밝히는 것이 나의 유일한 목적이었고 올바르게 보는 것이 나의 유일한 노력이었다."

물론 이렇게 포이어바흐의 해석을 통해 복원되는 기독교의 원상은 의도적으로 혹은 역사적으로 원상을 감추거나 훼손하는 과정을 통해 사실화되고 제도화된 기독교가 구현하고 있는 신학과는 다른 것이다. 이것은 니체의 말대로 십자가 위에서 죽은 마지막 그리스도인의 삶과 고통, 죽음을 통해 형상화된 고상한 인간의 인간 예찬을 드러내고 있는 것일 수도 있다.

Incarnation, 말씀의 육화肉化, 신이 자신의 아들 예수의 형상으로 인간이 된 현상을 고찰하는 포이어바흐는 교부들과 루터의 글들을 동원해서 신의 본질이 사랑임을 조탁해 낸다. 신과 사랑이 동일한 것이라는 점, 인간에 대한 염려와 고통에 대한 관심은 신이 인간을 사랑하는 원인이 되며, 이로 인해 발생한 신의 고통이 신을 인간이 되게 만든 것이라는 사실이 조리 있게 피력되고 있다. 사랑 없이는 고통도 없다는 점, 고통의 근원인 물질이 바로 모든 존재의 보편적인 마음이고 보편적인 끈이라는 점이 강조된다. 그리고 동일한 염려와 동정을 나눌 수 있는 존재의 본질은 같다는 것, 다시 말해 신의 육화는 신 속에 이미 존재하던 인간적 본질이 현현한 현상에 불과하다는 점도 그가 주목하는 종교의 비밀이다.

모든 참다운 종교는 그 종교가 숭배하는 신을 통해서 영원히 인간을 찬미하고 있을 뿐이라는 점을 부각시키는『기독교의 본질』은, 따라서 건강한 시절의 그리스도가 자신의 신을 통해서 영광에 찬 인간의 모습을 신성시했던 것과 동일한 종교(인간학)의 비밀을 노출시킨다. 마음은 마음만을 향한다는 점, 마음은 스스로의 본질 안에서만 위로를 받는다는 점, 신학의 비밀이 곧 인간학이라는 점, 완성될 인간의 모습이 참된 종교를 통해서 드러난다는 점, 그리고 그 종교의 모습은 인간이 추구하는 이상과 필요가 역사를 통해서 달라져 가는 것과 마찬가지로 시대를 따라 변화한다는 점이 그것이다.

신이 인간에 의해서 규정된 존재라는 명제는 읽기에 따라서는 신이야말로 종種으로서 인간의 이상적인 구현체라는 의미를 가지고 있다. 다시 말해 신은 그 종의 이념 속에서 완전해진 인간이라는 것이다. 포이어바흐는 이를 "종교적 심성은 스스로를 경멸하는 것을 제외하고 모든 것을 신 안에 갖다 놓는다"라고 여러 차례 쓰고 있다. 신은 이상화된 인간이고, 종교적 심성은 신에 대한 경배를 통해서 인간의 이상화라는 사업에 몰두해 있다는 것이다.

포이어바흐는 애초에『기독교의 본질』에 칸트의『순수이성

비판*Kritik der reinen Vernunft*』과 짝을 이루도록 『불순수이성비판 *Kritik der unreinen Vernunft*』이라는 제목을 쓰려고 생각했었다. 그가 생각했던 또 다른 제목들로는 『너 자신을 알라*Erkenne dich selbst*』 와 『종교의 진리와 신학의 자기기만*Die Wahrheit der Religion und die Selbsttäuschung der Theologie*』도 있었다. 출간 한 달 전에 그는 결국 『기독교의 본질*Das Wesen des Christentums*』이라는 제목을 채택한다. 출판인의 생각이긴 하지만 여기 사용된 "본질*Wesen*"이라는 단 어는 읽는 이로 하여금 이미 그의 저술 의도를 가늠할 수 있게 해 준다. 역사적이고 사변적인 욕구가 결합돼 있는 제반의 신 학적인 요소들과 형이상학적 모순들로부터 순화된, 진실한 종 교로서 기독교를 고찰하겠다는 것이 그의 저술이 의도하는 바 이다. 마음을 통해 마음으로서 계시되는 기독교의 참된 본질에 대한 탐구가 연구의 목적인 것이다.

그는 1판의 서문에서, 신학적인 요소들과 형이상학적 사변으 로 오염되기 전의 고대 기독교의 초자연적인 본질이 현대인의 머릿속에 여전히 출몰하는 것을 유령의 출몰에 비유하고 있다. 그리고 이 유령이 야기하는 필연적인 질문은 "피와 살을 가진 존재였던 옛날에 유령은 도대체 무엇이었을까?"라는 것이다.

제례 의식과 상징 같은 신앙의 외면적인 징표들에 입각하여 실체 없는 신앙이 존립하는 사태를 직시하며, 포이어바흐는 오래가는 그림자를 드리우기 전의 신이 과연 무엇이었는지를 묻는다. 그 질문의 끝에 밝혀지는 것이 바로 신학의 비밀이 인간성의 비밀이라는 사실이다. 종교는 일차적으로 인간이 행하는 자연스러운 행위이며 인간을 이해하기 위한 진지한 고찰의 대상이 된다. 종교를 통해 인간이 행하는 일은, 인간 스스로의 욕망과 가능성을 극대화하여 보는 일이다.

"종교는 인간 정신의 꿈이다. 그러나 우리는 꿈속에서도 無 또는 하늘나라에 있는 것이 아니라 지상에, 곧 현실성의 나라에 있다. 다만 우리는 꿈속에서 실제의 사물을 현실성과 필연성의 빛 속에서 보는 것이 아니라 매혹적인 가상 속에서 볼 뿐이다."

이 시선을 뒤집어 사태를 바로 보게 하는 것, 그것이 포이어바흐가 말하는 유령과 신의 실재를 이해하는 일이다. 인간 속에 들어 있는 신성을 발견하고 완전하게 하는 일, 그것이 참된 종교가 해 온 일이고 인간이 종교적 심성을 갖는 이유다. 인간은 개인의 유한한 실존을 건너며 유類적 존재인 인간의 이름을 신성하게 하고 불사로 만드는 일을 해 나가는 존재다. 신이 범례를 보인 모든 일들이 곧 확대되고 완성된 인간의 행위인 것이고, 이를 통해 인간은 그러한 행위들이 신적이며 불멸임을 증거하고 기념하는 것이다. 고귀한 인간의 모습을 신으로 만들며 인간 사회를 함께 만드는 개개인 전체가 함께 고귀해져 가는 것이다. 인간 개개인이 신이 돼 가는 것이다. 포이어바흐의 해석에 따르면 기독교의 신은 인간을 사랑하고 그 사랑으로 인해 고통받으며 자신을 잊는다. 그래서 사랑은 신적인 일이다. 타인을 위해 고통받는 일 역시 신적인 일이다. 그래서 사랑하고 고통받는 자는 인간에게 이미 신이며, 인간 안의 신을 드러내는 자이다. 그는 인간이라는 큰 이름을 새기는 자이다.

포이어바흐의 종교학과 인간학의 대주제는 "종교는 인간의 본질이 그 자체 안에서 성찰되고 반영된 것이다"라는 문장에 압축돼 표현된다. 자기에 대한 기쁨과 사랑은 생명이 표현되는 일이다. 살아 있는 모든 것들은 존재한다는 사실을 기뻐하며 그렇게 존재하는 스스로를 사랑하기 마련이다. 그래서 이 감정을 통해 이미 종교적인 것의 힘과 의미가 표현된다. 건강한 종교는 감정을 용인하는 종교다. 철학자의 비정한 형이상학적 신과 달리 예수는 자주 운다. 그리고 인간은 그를 통해 인간의 감정을 신성화한다. 예수는 이때 인간의 감정을 비추고 긍정하는 거울이다. 따라서 포이어바흐의 인간학의 주제를 다르게 표현하면 "신은 인간의 거울"이다. 그의 담담한 문장은 이러한 정황을, 즉 종교의 내용은 인간 속의 가장 신적인 것에 대한 경배라는 사실을 다음과 같이 표현하고 있다.

"인간에 대해 본질적 가치를 지니는 것, 인간에게 완전한 것이나 특출한 것으로 인정되는 것, 인간에게 참으로 만족을 주는 것, 그것만이 인간에게 신이다. 당신에게 감정이 훌륭한 특성으로 생각된다면, 감정은 바로 그 때문에 신적인 특성이다. 그러므로 민감하고 감정이 풍부한 사람은 민감하고 감정이 풍부한 신만을 믿는다. 그는 자기 자신의 존재와 본질의 진리만을 믿을 뿐이다. 왜냐하면 그는 스스로의 본질 속에 있는 것 이외의 다른 것을 믿을 수 없기 때문이다. 그의 신앙은 그에게 신성한 것에 관한 의식이다. 그러나 인간에게 신성한 것은 다만 인간의 가장 내부에 있는 것, 가장 고유한 것, 자기 개체의 궁극적인 근거와 본질뿐이다."

포이어바흐는 자신의 주저를 긍정적이고 치유의 효과를 가지는 동시에 부정적이고 파괴적인 것으로 파악하고 있다. 책의 전체적인 구조는 인간과 종교의 일반적인 본질을 다루는 서론과 신학이 인간학이라는 것을 밝히는 1부, 그리고 신과 인간의 차이를 강조하는 종교의 비인간적 부분을 다루고 그 허위를 혁파하는 2부 및 부록으로 되어 있다.

종교의 참된 인간학적 본질을 다루는 1부는 인간에게 자연스러운 행위인 종교를 그 자체로서 이해하려고 노력하는 부분이며 신학이 곧 인간학이라는 점을 증명하는 적극적인 부분이다. 이 증명으로, 인간이 종교를 통해 인간 종의 이상화된 모습을 기념하고 있다는 사실이 드러난다. 반면에 극대화된 인간에 불과한 신과 인간의 차이를 의도적으로 강조하고, 인간 본질의 진리성과 신성을 부인하는 모순으로 가득 찬 신학의 망상을 드러내어 제거하는 부분이 2부와 부록을 구성한다. 포이어바흐는 『기독교의 본질』의 1부와 2부를 각각 종교의 발전을 드러내는 빛과, 신학의 허위를 혁파하는 투쟁을 상징하는 불에 비유하고 있다. 이 상징을 따르자면 우리는 종교라는 현상을 중심에 두고 그 본질을 드러내면서 활활 타는 빛과 불을 손에 들고 있는 것이다. 그리고 파괴하는 불보다 드러내는 빛의 부분이 두 배쯤 길다는 사실은 심리적인 위안을 준다.

2021년 9월

양대종

| 차례 |

일러두기

1. 이 책의 차례와 본문은 포이어바흐의 『기독교의 본질』 원서와 동일한 형식으로 구성하였다.
2. 책의 두께를 고려해 기존 번호 체계인 부와 장을 장과 절로 변경하였다.

서론
인간과 종교

    초판 출간 당시 신학으로부터 나왔던 비판들에 대해 답변한 2판과 3판의 서문과 달리, 서론은 본래적 인간성과 본래적 종교성에 대한 탐구를 통해 『기독교의 본질』의 전반적인 목표와 방향을 설명하는 두 장으로 이루어져 있다. 포이어바흐는 종교적인 현상을 단순히 불합리한 것이나 미신으로 치부하지 않는다. 그에게 종교는 인간에게 자연스러운 현상이며, 인간이 신을 믿는다는 것 또한 인간적인 현상에 불과하다. 종교는 여타의 사실들과 마찬가지로 자연적이고 인간학적인 사실인 것이다. 포이어바흐는 오히려 종교를 통해서 인간에게 중요하고 본질적으로 여겨지는 힘과 충동과 속성들이 상징적으로 외화되고 있다는 사실에 주목한다. 이러한 면에서 그는 종교에 대해서 다분히 현대적인 해석을 하고 있는 사상가다.

책의 서론부에서 그는 인간과 종교의 일반적인 본질이 각각 어떠한 것인지를 밝히고 이들의 관계를 조명하여 인간 속에 들어 있는 종교적인 성향과 종교현상에서 드러나는 인간의 본질 및 종교의 본질을 드러낸다. 서론은 포이어바흐가 자신의 주저를 통해 의도하는 철학적 인식의 전환이 갖는 함의와 서술의 방향에 대한 대강의 지표를 제시하는 사변적인 부분이다.

제1절 일반적인 인간의 본질

철학이 인간의 특성과 본질을 드러내기 위해 자주 사용해 온 방법은 다른 동물과 인간이 구별되는 지점을 찾는 일이다. 그래서 다른 동물과 구별되는 특성으로 주목돼 온 것이 이성의 사용이었으며 이성은 인간으로 하여금 여타의 동물을 넘어서는 중요한 본질적 요소로 간주되어 왔다. 포이어바흐도 종교적 현상을 고찰하면서 인간과 동물의 차이점에 주목한다. 인간처럼 의식적인 삶을 영위하기는 하나 종교를 가지고 있지 않은 동물들과 달리 인간에게 두드러지는 것은 스스로를 인간이라는 종 전체와의 관계에서 바라보는 능력이다.

　동물들의 의식은 제한되어 있고 오류가 없다. 애벌레는 실수 없이 고치를 만들고, 까마귀는 천 년 전의 까마귀처럼 정확하게 집을 짓는다. 그러나 이 애벌레의 삶은 그가 올라탄 이파리에 한정되어 있고 이 까마귀의 설계도는 세월이 지나도 변화하지 않는다. 이처럼 제한되어 있기에 실수도 없는 의식은 본능이라 불린다. 인간도 동물처럼 본능에 따라 살기도 하지만, 인간은 단순한 본능적 삶과 함께 인류와 관계되는 삶을 가지고 있다. 예를 들어 언어와 사고는 인간만이 가지는 유적 기능이다. 인간은 혼자 있을 때에도 언어를 사용하고 사고할 수 있지만, 이때에도 인간은 타인을 상정하고 인류의 성원으로서 행동한다. 다시 말해 타인의 위치에 자신을 가져다 놓을 수 있는 이 능력이야말로 인간이 여타의 동물과 구분되는 중요한 능력이다. 즉, 개체를 넘어서 자신의 유와 본질을 사유의 대상으로 삼을 수 있는 것이야말로 인간을 인간으로 만드는 중요한 요소이다.

　이러한 고찰을 통해 포이어바흐가 행하는 일은 초월적 표상과 관련된 일종의 코페르니쿠스적 사유의 전환이다. 이 전환은 인식론적이고 인간학적인 새로운 단초를 제공하는 다음과 같은 생각에 들어 있다.

"종교는 무한한 것에 대한 의식이다. 종교는 인간이 자기의 본질, 곧 유한하고 제한된 본질이 아니라 무한한 본질에 대해 갖고 있는 의식에 불과하다."

포이어바흐가 말하는 무한한 것이란 무엇인가? 제한된 동물의 본능과 달리 모든 제한을 넘어서는 인간의 의식은 본질적으로 무한한 것이다. 개체로서의 인간이 가지는 한계를 넘어 유적인 존재인 인간을 생각할 수 있다는 것, 인류와의 관계 속에서 사고한다는 것, 다시 말해, 무한한 것에 대한 의식이 인간에게 있다는 사실이 이미 인간 의식의 무한성에 대한 증거이다. 한계가 없는 것에 대한 의식 안에서 인간은 스스로의 유적 본질이 무한하다는 사실을 의식의 대상으로 삼는다.

종교는 자신의 본질에 대한 인간의 의식과 동일하다. 종교를 통해서 상징적으로 외화되는 인간의 힘과 충동과 속성들은 개인의 차원에서는 제한적인 것으로 이해되지만 종의 차원에서는 개개인의 한계를 넘어서는 영원한 것으로 이해된다.

"이성과 의지, 사랑 또는 마음은 인간이 소유하고 있는 힘이 아니다. ⋯ 그것들은 인간의 본질을 근거 짓는 요소로서 인간에게 생명을 불어넣고 인간을 규정하고 지배하는 힘이며 신적이고 절대적인 힘이다. 인간은 그것에 대해서 어떠한 저항도 할 수 없다."

이 문장이 의미하는 것은 인간이 임의로 만들거나 소유할 수 없는, 인간을 규정하는 절대적인 본질 규정들이 존재한다는 것이다. 또한, 이것들이 바로 인간을 인간으로 만들며, 이것들을 통해서만 인간이 인간으로 존재할 수 있다는 것이다. 이것이 바로 개체를 넘어서는 인간의 이념이자 종으로서의 인간이다. 종교는 이 종으로서의 인간의 본질로 인간이 어떤 것들을 인식하고 있는지를 알려 주는 창과 같은 역할을 한다. 포이어바흐가 인간의 대표적인 유적 본질로 제시하는 것들, 즉 이성, 의지, 사랑은 그 자체로 자기 목적적인 것들이며, 이것들이 인간의 본질을 규정한다는 것은 인간 안에 들어 있는 완전함과 절대성을 향한 욕구를 반영한다. 이성의 목적이 이성이며, 사랑의 목적이 사랑이며, 의지의 목적이 의지의 자유라는 것, 다시 말해 인간의 본질 규정이 동어 반복적이라는 이 사실이야말로 인간이 유적 존재인 인간을 완전하고 신적인 것으로 이해하는 이유가 된다.

자신을 엄습하는 감정의 위력과 사랑의 강렬함과 사유의 힘을 경험할 때, 인간은 스스로가 지금 발생하고 있는 일의 주인이 아니라는 것을 알게 된다. 자신이 개체의 한계를 넘어선 영역에 들어서 있다는 것을 체험하는 것이다. 그가 체험하는 이 힘들이 바로 유적인 인간이 만들어 낸 문화의 소산인 것을 알고 이 이 유적인 힘을 느낄 때, 그는 인류의 한 성원으로서 무한히 커지는 스스로를 느끼는 것이다. 그러나 이 사실을 바로 직시하지 못하는 인간은 자신 안의 이 힘들을 절대화하고 독자적인 실체로 가정하여 종교를 만든다. 즉 "종교는 인간의 힘, 성질, 본질 규정을 인간으로부터 떼어 내어 독자적인 존재로 신격화한다." 그리고 이것들 각각으로부터 독자적인 신적 존재들을 만들어 낸 것이 다신교의 경우이고 이들 모두를 하나의 신적 존재의 특성으로 포섭해 낸 것이 일신교의 경우이다. 그러나 인간 안의 유적인 속성을 신격화한 것이라는 점에서 모든 종교는 동일한 노정을 걷는 것이다.

한편, 모든 정신적이고 감성적인 지각의 실제 정황에서 지각된 대상에는 필연적으로 지각 주체의 본질이 반영된다. 포이어바흐가 태양계의 행성들과 태양과의 관계를 예로 들어 말하듯이 각각의 행성은 자신과의 관계가 반영된 상태의 태양만을 알 뿐이다. 결국 지각 대상은 필연적으로 그 대상을 지각하는 주체가 그 자신과 맺는 관계를 반영하는 것이다. 태양에 대한 지구의 관계는 지구가 지금 이러저러한 상태에 있다는 사실에 입각해서만 조명될 수 있다. 마찬가지로 인간이 태양과 별, 신을 생각한다는 사실은 이들을 이러저러하게 생각하는 인간이 스스로와 맺는 관계를 반영할 수밖에 없다. 다시 말해 "우리가 의식하는 대상이 무엇이든 우리는 그와 동시에 우리 자신의 본질을 의식한다."

그리고 항상 자기 확증과 자기 긍정과 자기애와 자신의 완전성에 대한 기쁨을 표현하는 인간의 행위들, 즉 의지, 감정, 이성 등의 의식은 그 자체로 자족적이고 완전한 존재에게서 나타나는 현상이다. 설령 인간이 개체로서의 자신을 제한된 것으로 느끼고 인식할지라도, 이미 이러한 사실 자체가 개체로서의 인간에게 "유의 완전성과 무한성"이 인식의 대상이 되었다는 사실을 증명한다. 하루살이의 짧은 생명도 하루살이에게는 다른 동물의 수년처럼 길고, 애벌레가 사는 나뭇잎은 애벌레에게 무한한 공간을 의미하듯이, 인간에게는 인간이 산출하는 힘들이 본질적인 것이며 최고의 것들이 되는 것이다. 즉 개체로서의 인간은 인간에게 유한한 것일지라도 유로서의 인간은 인간에게 언제나 완전하며 무한하고 고상하다. 이것을 부정하는 것이야말로 경솔한 오류다. 그리고 본질이 긍정하는 것은 다른 것들의 척도가 된다. 동물의 눈이 그들의 욕구 이상을 넘어 바라보지 못하듯이, 종교를 포함하는 인간의 욕구 역시 인간의 본질 이상을 넘지 못한다는 사실을 포이어바흐는 이렇게 표현하고 있다.

"그대의 제한되지 않은 자기감정은 그대의 본질이 도달하는 곳까지 이를 것이며, 그대는 그곳까지만 신이다. … 어떠한 존재도 자신의 감정과 표상과 생각 안에서 자신의 자연을 부인할 수 없다. 그가 무엇을 정립하든지 ― 그는 항상 스스로를 정립한다. 모든 존재는 스스로의 신, 자신의 최고 존재를 자신 안에 가지고 있다. 네가 신의 영광을 찬양한다면, 너는 네 스스로의 본질의 영광을 찬양하는 것이다. 모든 감탄은 원래 자기 감탄이며, 모든 칭찬은 자기 칭찬이고, 네가 타인에게 내리는 모든 판단은 너 스스로에 대한 판단인 것이다."

포이어바흐의 이러한 종교 해석에 따르면 신은 단지 인간적 욕망과 소원들의 총합일 뿐이다. 개체로서의 인간은 유한하고 불완전하며 그 능력에 한계가 있다. 그래서 인간은 불사와 완전성과 지복을 꿈꾸고 소망한다. 그리고 이 소망을 자신의 외부에 있는 신적인 존재에게 부과하는 것이다. 감정을 예로 들자면 감정은 인간의 내부에 있으면서 동시에 인간을 압도하는, 인간의 위에 있는 독자적인 힘이며 인간에게 고유한 본질이다. 인간은 이 감정을 자신과 별개로 존재하는 것으로 상정하여 "신은 순수하고, 무제한하고, 자유로운 감정이다"라고 표현한다. 하지만 이러한 표현을 통해서 인간이 실제로 하고 있는 일은 자신에게 본질적인 감정을 신에게 부여하여 대상화하는 것뿐이다.

그러나 포이어바흐에 따르면 인간은 자신의 유와 본성으로 부터 결코 벗어날 수 없으며, 인간이 신에게 부여한 본질 규정은 항상 자기 자신으로부터 이끌어 낸 규정일 뿐이다. 인간이 신의 속성이라 칭하며 무한한 것으로 묘사한 것은 사실은 종으로서의 인간이 갖는 감정의 본질인 것이다. 인간이 신을 통해서 대상화하는 것들은 이 감정의 본질 속에서 드러나는 인간 스스로의 모습에 불과하다.

학문적 엄격함과 인간 이성의 한계에 대한 인식은 포이어바흐의 철학함을 당대의 철학자들로부터 구분 짓게 만드는 요소다. 인간과 자연을 벗어나는 사변은 그것이 어떠한 사변이든 허영에 불과한 것이라는 그의 철학 전반의 근본 원칙이 그의 종교 비판에서도 드러나고 있다. 철학을 포함하는 제반 학문에 있어서 인간을 넘어서고 인간의 위에 존재하는 것에 대해서 생각하고 말하거나 심지어 이것을 인식의 근원으로 삼으려는 여하한 시도도 그에게는 불합리한 일에 불과하다. 이러한 원칙은 종교 비판과 관련해서도 극명하게 드러난다.

"인간은 결코 자신의 참 본질을 넘어설 수 없다. 인간은 상상을 매개로 하여 자기보다 더 높은 종류의 개인을 생각해 낼 수 있을지 모른다. 그러나 인간은 자기의 유나 본성으로부터 결코 벗어날 수 없다."

이러한 원칙에 입각하여 포이어바흐가 서론의 첫 장에서 인간의 본질과 관련하여 자신이 던지는 질문들에 새로운 철학적 틀을 제시하고 있다는 사실도 짚고 넘어가야 할 점이다. 독일 관념론 철학자들이 신과 절대정신의 관점으로부터 인간의 본질을 탐구하려 시도한 것과 대조적으로 그는 철저하게 인간의 관점으로부터 인간의 본질을 탐구하겠다는 입장을 견지하고 있다.

제2절 일반적인 종교의 본질

그러면 종교에서 대상화되는 것들은 어떤 것들일까? 즉 인간이 절대적이고 신적인 것으로 대상화하는 인간의 속성과 힘은 어떤 것들일까? 감성적 지각의 경우 대상화되는 것들은 모두 우리의 외부에 존재하는 것들이다. 그러나 종교적 대상이 되는 것들은 자의식이나 양심처럼 인간에게 밀착되어 있는 내면적 대상들이다. 더구나 종교가 대상으로 삼는 것들은 인간의 판단력이 선택해 낸 최고의 인간 본질들이다. 대부분의 원시종교가 선과 악, 빛과 어둠, 구원된 자와 저주받은 자 등으로 선명한 이원론을 보이고 있는 것은 결코 우연이 아니다. 종교적 상징들에는 그 종교를 자신으로 것으로 만든 인간의 최선의 선택과 희망이 반영돼 있는 것이다. 숭배할 가치가 있는 것들과 귀중한 것들의 목록이 종교적 경배의 대상으로 상징화되는 것이다. 따라서 시대별로 차이가 있을지언정 신에 대한 의식은 인간의 자기의식이며 신을 인식하는 것은 간접적으로 인간을 인식하는 일이 된다. 이러한 정황을 정리하는 포이어바흐의 문장은 고대 그리스인들이 다양한 신의 형상을 통해서 인간의 다양한 모습을 찬미했던 것을 연상시킨다.

"신은 인간의 내면이 나타난 것이며 인간 자체가 표현된 것이다. 종교는 인간의 숨겨진 보물이 장엄하게 밝혀지는 것이며 인간의 가장 내적인 사상이 공언되는 것이며 사랑의 비밀이 공공연하게 고백되는 것이다."

물론 종교를 통해서 비로소 드러나는 이 인간의 숭고한 재산 목록과 내적인 사상은, 그렇게 완전해진 인간의 모습을 한 신이 인간과 구별되는 독자적인 존재로 상정되면서 인간의 수중을 떠나게 된다. 인간의 자기 발견과 자기 긍정이 인간 내부에서 직접적으로 발생하지 못하고, 인간의 밖에 존재하는 신을 통해 이루어지면서 일종의 소외가 발생하는 것이다.

　인간은 스스로에게 귀중한 것들, 자신에게 본질적인 것들을 외부로 옮겨 놓은 후에야 비로소 그 안에서 자신을 찾는 우회로를 선택한다. 그러나 실제로 인간이 표상할 수 있는 보다 높은 존재의 본질 규정들은 인간 자신의 본질 규정들을 벗어나지 않는다. 즉 인간이 스스로를 묘사할 뿐인 규정들이 개별적 인간의 한계를 넘어선 완전한 것으로 표상될 때, 이것들이 바로 인간이 경배하는 신의 규정들이 된다. 이렇게 완전해진 인간으로 상정된 신과 불완전한 인간 개체 사이에 발생하는 간극을 실제적인 대립으로 보는 것이 종교라는 현상이다.

　하지만 종교가 극대화된 인간을 드러내는 한, "종교는 인간 최초의 간접적인 자의식"이 된다. 스스로의 본질을 내면으로부터 파악하지 못하는 인간이 종교를 통해서 자신의 완전성과 소망을 바라보고 인식하기 시작한 것이다. 단지 종교의 형태 안에서 발생하는 이러한 자기 인식은 아직 자신이 경배하는 대상이 곧 극대화된 인간, 즉 유적 인간이라는 사실을 깨닫지 못하고 이것을 신으로 표상하고 있을 뿐이다.

인간의 인식이 이러한 정황을 파악하여 신과 종교적 억압으로부터 자유로워지는 것이 포이어바흐가 그리는 종교의 역사적 발전 경로다. 유적 인간의 이상이 비추어 나타나는 거울이 종교라는 것, 다시 말해 종교는 베일에 감춰진 인간학이라는 것이 그가 밝히려고 하는 종교의 영원한 법칙이다.

『기독교의 본질』에서 연구의 대상이 된 기독교 역시 이 필연적이고 영원한 종교의 법칙에서 벗어나지 않는다. 따라서 그의 주저의 과제는 기독교의 경배 대상인 신과 신의 속성이 모두 인간적인 것에 불과하다는 것을 증명하는 일이 된다. 신적인 것과 인간적인 것은 대립되는 것이 아니라는 사실, 대립으로 보이는 것이 사실은 유적 인간과 개별적 인간의 차이에 지나지 않는다는 사실을 밝히는 것이 그 방법이 될 것이다.

인간의 최선의 선택과 소망이 반영된 신은 인간이 표상할 수 있는 최선의 속성들이 최고의 진리로 직관된 것이다. 따라서 인간이 자신의 어떠한 속성을 최선의 본질로 파악하느냐에 따라서 신의 규정은 다양하게 나타난다. 하지만 어떠한 경우에도 인간은 자신이 표상할 수 있는 가장 위엄 있는 존엄성의 개념을 신에게 부여하기 마련이며, 이에 상응하여 종교적 감정은 최고의 적절함을 드러내는 감정이 된다. 예를 들어, 육체의 강인함을 영광스럽고 신적인 것으로 여기는 그리스 민족에게는 가장 강한 신인 제우스가 최고신의 지위를 차지하고, 전사의 덕을 칭송하는 고대 독일 민족에게는 군신軍神인 오딘이 최고의 신의 지위를 차지한다. 그래서 '신은 이러저러한 속성을 가진다'라는 언술에서 중요한 것은 주어인 신이 아니라 신의 본질을 설명하는 술어들인 것이다. 그리고 이 술어들은 모두 인간의 가치를 반영하는 것들이다.

신이 정의롭고 선하고 지혜롭고 영원한 존재로 표상되는 이유는 술어인 정의, 선, 지혜, 영원 등의 성질이 인간을 압도하고 인간의 마음에 특별한 인상을 주기 때문이다. 인간의 가치 판단이 들어 있는 이러한 술어들은 그 자체로 이 규정들에 대한 인간의 승인을 입증하는 것들이다. 그래서 주어로 상정되는 신이 이들의 진리성을 보증하는 것이 아니라, 오히려 신 개념이 이 술어들에 의존하여 규정되고 있는 것이다. 인간이 신적으로 여기는 각각의 가치들은 신이 그렇게 존재하기 때문에 신적인 것이 아니라, 개별적 인간에게서 부분적이고 불완전하게 나타나는 그 가치들을 인간이 고귀하게 여기기 때문에 신적인 것이다. 이러한 술어들로 표상되는 가치들이 박탈된 신 개념은 결핍된 존재에 불과한 공허한 개념일 따름이다. 따라서 인간이 세계에서 만날 수 있는 모든 것들은 신의 지위를 차지할 수 있었고 실제로 문화와 종교가 발전하면서 수많은 것들이 종교적 경배의 대상이 되었지만, 이들은 모두 인간이 부여하는 가치 이상의 것을 포함할 수 없었다.

"종교의 본질과 의식 속에는 스스로나 세계에 관하여 인간의 본질과 의식 속에 들어 있는 것 이상은 없다. 종교는 스스로의 독특한 내용을 결코 갖지 않는다."

그러나 신적 본질과 인간적 본질이 동일한 것이라는 사실을 감추고 그 간극을 넓히는 것이 종교가 발생하는 첫 조건이 된다. 그래서 신학은 의도적으로 이 양자의 동일성과 통일성을 부인해 왔다. 그 방법 중의 하나는 인간적인 것들을 비하하고 폄하하여 인간을 인간 스스로에게 적대적으로 만드는 것이었다. 인간의 가치를 인간의 눈에서 하락시키는 이러한 전략이 염두에 두는 것은 인간과는 다른 신의 가치를 극대화시키는 것이다.

"신을 풍부하게 하기 위해서 인간은 빈곤하게 되어야 하며 신이 모든 것이 되기 위해서 인간은 무無가 되어야 한다. 인간은 자기 자신을 위해서는 아무것도 될 필요가 없다. 왜냐하면 인간이 자 신에게서 박탈한 것이 신 안에서 상실되는 것이 아니라 보존되기 때문이다."

자신의 본질을 신 안에서나마 간접적으로 긍정하기 위한 이 의도적인 자기 비하와 시선의 왜곡이 바로 인간의 본질을 부정 하는 종교의 본래적 비밀인 것이다.

우리는 이미 신의 속성이 유적 인간의 본질임을 살펴보았 다. 그래서 신에게서 극대화되어 경배되고 찬양되는 것이 사실 은 인간의 본질임을 알고 있다. 종교의 메커니즘 안에서 인간은 스스로에게서 빼내어 제거한 자신의 귀중한 속성들을 외부에 있는 것으로 상정된 신 안에 극대화하고 이를 더 풍부하게 소유하고 향유하는 것이다. 그러나 신학이 의도하는 이 시선의 왜곡을 통해서 인간의 종교적 감성은 불필요한 소외와 되찾음의 헛된 노정을 반복하게 된다. 예를 들어 성적인 사랑과 관능을 인간에게서 제거하는 일을 담당하는 것이 사제의 순결 서약이며, 이 상실에 대한 종교 행위 안에서의 더 큰 보상이 하늘의 신과 성녀 마리아에게서 나타나는 사랑의 상像과 하늘의 결혼이다.

인간적 가치의 폄하와 신적 가치의 극대화라는 현상과 관련된 종교의 법칙은 두 가지로 정리할 수 있다.

1. 인간에게서 부정되는 것과 신에게서 긍정되는 것의 크기는 비례하는 함수관계에 있다.
2. 종교는 의식적으로 부정한 모든 것을 무의식적으로 다시 신 안에 설정한다.

이승에서 부정되는 것이 크면 클수록 이에 비례하여 저승에서 보상되는 것이나 부정되는 것을 받는 신의 영역 역시 함께 커진다. 감성적인 것과 관능이 인간에게서 부정되면 될수록 이것들을 경배의 증거인 희생으로 받는 신은 더욱더 감성적이고 관능적으로 된다. 한쪽은 희생 한쪽은 향유라는 양태의 차이는 있지만, 결국 인간과 신의 관심사는 동일한 대상에 돌려진다. 인간이 제물이나 금욕의 대상에 바치는 가치와 신이 이를 통해 향유하는 만족은 동일한 수준의 특별한 가치와 만족이다. 신과 인간 모두에게 귀중한 것과 최고의 것은 동일한 대상인 것이다.

히브리인은 그들에게 식재료로 최고의 가치를 지닌 동물을 하나님이 흠향하는 신의 음식으로 바친다. 신은 인간과 동일한 미각을 가지고 있는 것이다. 제한과 금욕과 희생 제의 등을 통해서 인간은 자기에게 귀중한 것을 상실하는 것처럼 보이나 그는 이것을 다시 신 안에서 회복한다. 즉 "인간은 자기 자신에게서 부정한 것을 신 안에서 긍정한다." 금욕과 독신 생활, 인간과 세계의 포기, 인격과 자아의 부정 등은 신과의 결혼, 온전해진 세계의 되찾음, 자기 만족적이고 자기 향락적인 신의 존재를 통해서 보상된다. 인간의 사악함은 신의 선함에 대한 예배와 갈구를 통해 보상된다.

한없이 길어지는 인간과 신의 이러한 차이의 예들을 포이어바흐는 오히려 신이 인간의 환경과 오성의 힘에 순응하고 있는 것으로 해석한다. 인간과 교통하기 위해 신은 인간적으로 느끼고 인간적으로 사고하고 인간적으로 선물과 계시의 효과를 계산하며 인간의 모든 행동과 생각을 살피는 존재가 된다. 이렇게 본래부터 신의 본질과 인간적 본질을 호환 가능한 것으로 두지 않고서는, 즉 양자의 동질성과 통일성이 상정되지 않고서는 종교는 성립하지 않는다.

포이어바흐는 본성에 철저히 반대되는 것, 공동체의 유대로 결합될 수 없는 것들은 지각할 수도 생각할 수도 없는 것이라는 사실을 지적하고 있다. 종교가 주장하는 것처럼 인간이 사악하고 타락한 존재라면 이러한 인간은 신성한 것과 선한 것을 만나더라도 그것을 신성하고 선한 것으로 알아차릴 수 없는 것이다. 선과 같은 특성들은 그래서 인간에게 전적으로 존재하지 않거나 아니면 인간을 위해 존재하거나 양자 중의 하나일 뿐이다. 신에게서 드러난 선은 인간 본질의 신성함과 자비로움 그

이상이 아니라는 것이 포이어바흐의 생각이다.

　인간이 자신을 깎아내리고 신을 추어올리면서 경험하는 자기 소외와 자기 찾음의 이 기이한 여정을 마치는 일은 포이어바흐를 통해 신적 본질과 인간적 본질의 동일성과 통일성이 다시 적극적으로 인식될 때에야 가능해진다. 종교의 구조에 대한 이상의 설명을 통해서 포이어바흐가 밝혀낸 종교의 비밀은 무엇인가? 그것은 종교 속에 나타나는 이중의 대상화이다.

　"인간은 스스로의 본질을 대상화하고, 스스로를 다시 이처럼 대상화되고 주체나 인격으로 변화된 존재의 대상으로 삼는다."

　인간은 자신의 최고 속성들을 신으로 대상화했고 자신을 다시금 이 신의 대상이자 구원의 목적으로 삼으면서 인간 행위의 무의미성을 극복하고 문명의 선순환을 이룬다. 물론 포이어바흐가 이러한 해석이 가진 종교를 통한 허무주의의 극복을 긍정적으로 평가하고 있는 것은 아니다. 그가 신과 인간의 교통을 서술하는 이유는 양자의 본질과 행위가 동일한 것이라는 점을 강조하기 위한 것이다. 그는 이 선순환이 궁극적으로 긍정적이라는 것을 말하는 것이 아니라, 신과 종교 안에서마저도 인간의 행위는 철저하게 인간만을 대상으로 삼고 있다는 점을 강조하고 있는 것이다.

이제야 비로소 인간은 자신의 내면으로부터 직접적으로 자신과 자연을 긍정하게 된다. 이때 인간의 계몽된 인식을 통해 밝혀진 종교는 인간 안의 가능한 것들을 그 탁월성에서 인식하게 만드는 긍정적인 기능을 행할 수도 있다. 덕과 관련해서도 신의 속성으로 설정되는 것들은 인간의 당위로 해석될 수 있으며, 모든 당위는 거기에 이를 수 있는 가능성들을 전제한다는 의미에서 신적 본질과 인간적 본질의 통일성을 지시하고 있다.

포이어바흐는 종교가 인간의 소외 과정을 통해 발생한 사실이라는 점을 지적하면서도 종교가 자연스러운 인간의 행위라는 점을 인정하는 철학자다. 그래서 그는 가장 본래적이고 주관적인 인간 본질이 신으로 추상화되고 독자적인 대상이 되는 종교화 과정과 인간이 이것을 파악하고 다시 스스로를 찾는 인식의 확장 과정을 생명 활동인 심장의 수축과 이완에 비유하고 있다.

"종교적 심장 수축에서 인간은 자기 자신의 본성을 자신으로부터 몰아내고 자기 자신을 밖으로 던진다. 종교적 심장 이완에서 인간은 일단 축출된 본질을 또다시 자기의 심장 속으로 받아들인다."

종교 안에서 한없이 낮아지고 가난해진 인간은 독자적으로 행위하지 못하며, 오로지 신만이 자발적으로 행동하고 활동한다는 점이 기독교가 가지는 종교적 심장 수축이고 밀어내는 힘이다. 반면에 이렇게 자발적인 유일한 신이 오로지 인간 때문에 행위하는 구원의 원리이자 인간 심성과 행위의 원리이며 본성이라는 점을 알아채는 것, 이것이 기독교의 심장 이완에서 발생하는 일이다.

종교의 일반적 본질을 다루는 서론의 2장 마지막에서 포이어바흐는 인간이 계몽되는 정도에 따라서 종교가 진화했다는 사실을 지적하고 있다. 그 진화의 과정은 신과 인간 사이의 경중이 점차 인간의 편으로 기울어 가는 경향을 보인다. 인간적 속성을 신에게 부여하는 비중이 줄어들고 인간의 자율성과 직접적인 긍정이 증가하는 쪽으로 종교가 발전해 왔다는 것이다. 이러한 발전의 한 예로 그가 제시하고 있는 것이 구약시대와 신약시대의 비교를 통해 드러나는 인간의 자율적 영역의 차이다. 그가 구약시대 신의 한없는 인간됨과 평범함에 대한 증거로서 각주로 제시하는 신명기 23장 12절과 13절은 다음과 같다.

"네 진영 밖에 변소를 마련하고 그리로 나가되, 네 기구에 작은 삽을 더하여 밖에 나가서 대변볼 때에 그것으로 땅을 팔 것이요, 몸을 돌려 그 배설물을 덮을지라."

무엇을 먹을 것인지, 어디에서 어떻게 배설하고 정리할 것인지와 관련된 인간의 가장 자연적인 충동마저도 절대적인 신의 명령에 의해서 규제하고자 했던 이스라엘 민족에게서 포이어바흐는 이러한 일들의 자발적인 처리마저도 불가능할 정도로 자기를 부정하고 비하했던 인간의 모습들을 읽어 낸다. 그리고 인간이 부인되는 만큼 그와 비례해 신 역시 낮아지고 평범하게 인간적으로 변한다는 사실을 지적한다.

반면에 섭생과 청결에 관한 사항마저 신을 통해 지시받던 구약시대와 달리 기독교는 인간의 충동과 열성을 더 섬세하게 구분하고, 내면적이고 도덕적인 순결을 외면적이고 육체적인 순결과 구분해 낸 발전된 종교가 된다. 당연히 그 발전 정도만큼 신도 고상하고 섬세해진다. 이스라엘 민족에게서 신의 영역이었던 외적인 행위들은 기독교에서는 인간의 자율성의 영역으로 이월된다. 그렇다면 이제 같은 신을 섬기는 이 두 종교는 다른 것이 된다.

> "이스라엘 사람에 비하여 기독교도는 자유사상가다. 사태는 그와 같이 변한다. 어제까지도 종교였던 것이 오늘은 이미 그렇지 않으며 오늘 무신론에 해당하는 것이 내일은 종교로 인정된다."

인간이 여타의 동물과 달리 자신의 본질과 관계를 맺는다는 사실은 인간이 종교를 갖는 이유이지만, 인간이 자신의 본질을 자신의 현실적이고 육체적인 한계와 분리된 신적 본질로 착각한다는 것이야말로 종교의 필요조건이다. 인간이 스스로를 발견하기 전에 자신의 본질을 외화했다는 이 사실을 의식하지 못하는 단계가 바로 종교적 인식의 단계이다. 이러한 종교의 비밀을 깨닫고 인간이 스스로에게 이미 가장 최고의 존재임을 알아야 한다는 것이 포이어바흐의 인간적 철학이 요청하는 것이다.

이전까지의 철학이 신적이고 이성적인 것만을 진실하고 실제적인 것으로 여겨 왔다면, 이제 포이어바흐의 철학은 인간을 신과 이성의 척도로 삼아 인간적인 것만을 진실하고 실제적인 것으로 드러낼 것을 요청한다. 따라서 인간의 본질을 인간 외적인 신의 본질로 다루고 경배하는 종교는 이를 통해 오히려 인간이 스스로를 인식하는 것을 방해하고 인간을 억압하는 것이며 인간의 실제적인 본질과 모순되는 것이다. 포이어바흐의 인간학적 유물론에 따르면, 인간이 기독교를 포함한 종교의 비밀을 파악하고 신에게 넘겨졌던 인간의 영역을 고유한 인간의 것으로 탈환할 때, 인간은 비로소 참다운 의미로 인간이 된다.

제1장
종교의 참된, 인간학적 본질

    포이어바흐는 1841년 출간된 『기독교의 본질』의 초판에서는 장절에 번호를 붙이지 않았다가 1843년 출간된 2판부터 번호를 매겼다. 그리고 1849년 출간된 3판 증보판에서 세 장을 둘로 나눠서 현재는 서론장 2개의 절 외에 제1장 17개의 절, 제2장 9개의 절로 구성하였다. 이 책은 증보판과 동일한 형식으로 구성되어 있다.

    인간 본질과의 일치 속에서 종교를 바라보는 제1장을 구성하는 각각의 절들은 기독교 신앙의 주요 주제들에 대한 인간학적 해석이 그 내용을 이룬다. 인간과 종교의 일반적 본질을 다룬 서론장에서 내세운, '신은 인간의 거울'이고 '신학은 인간학'

이라는 포이어바흐의 주장이 기독교 신앙의 내용에 대한 구체적이고 세밀한 분석을 통해 변주되고 있다. 서론이 비교적 논리적이고 철학적인 사변의 형식을 취하고 있는 것과는 달리, 제1장과 제2장을 이루는 각각의 절들은 느슨한 에세이 형식으로 되어 있고 내용 역시 상당 부분 중첩된다.

포이어바흐의 인간학적 해석을 통해 그 비밀이 밝혀진 기독교 신앙의 주요 내용들은 종교적 상징과 제의 속에 감추어져 있었던 인간적인 특성들과 인간의 낙관을 드러낸다. 포이어바흐가 다루는 기독교적 신앙의 내용들은 오성과 율법의 본질로서의 신, 육화Incarnation, 고통, 삼위일체와 성모, 세계 창조, 자연, 섭리, 기도, 기적, 부활, 동정생식, 인격신, 기독교와 이교의 차이, 독신 생활과 수도원, 천국, 영생 등 거의 모든 신앙의 주제들을 망라한다. 이 모든 내용들을 관통하면서 포이어바흐는 인간의 본질이 반영된 것이 종교라는 그의 근본 주제를 매번 새롭게 조명하고 있다.

각 절에서 다루는 개별 신앙의 내용들에 대한 인간학적 분석과 별도로 제1장을 구성하는 에세이들에서 자주 눈에 띄는 것은 마음과 사랑에 대한 논의이다. 포이어바흐에 따르면 기독교는 근본적으로 감정적인 종교이다. 다시 말해 "기독교의 근본 교리는 마음의 소원이 충족된 것이며 기독교의 본질은 심정의 본질이다." 그래서 인간 마음의 소원이 외화된 것으로 종교를 이해하는 포이어바흐에게 역사적 예수와 종교적 심성을 통해 만들어진 예수를 구별하는 것은 중요한 일이 아니다. 오히려 그는 동정생식을 통해 태어나고 기적을 행하며 고통받고 죽었다가 부활하는 종교적 예수를 사실로서 받아들인다. 단지 이러한 종교적 현상으로서의 예수가 인간 심정의 산물이라는 것을 지적하고 이러한 예수를 요청할 수밖에 없었던 인간 심정을 들여다보는 것으로 그의 임무는 충분히 달성된다.

종교에 있어서 마음의 중요성만큼이나 여러 절에 걸쳐 산발적으로 자주 등장하는 것이 사랑의 중요성이다. 포이어바흐에게 사랑의 강조는 그의 휴머니즘을 반영하는 것이다. 엥겔스 같은 유물론자들로부터 비판의 대상이 되기도 했던 이러한 사랑 예찬은 그러나 철저하게 인간학적인 입장을 견지한다. 그같은 관점에서 포이어바흐는 "사랑은 완전한 것과 불완전한 것, 죄 없는 존재와 죄 있는 존재, 보편자와 개별자, 율법과 마음, 신적인 것과 인간적인 것을 중재하는 원리고 끈이다"라고 말한다.

　인간을 사랑하여 사람이 되는 신의 본질은 사랑일 수밖에 없다. 이 사랑을 매개로 하여 신은 인간이 되고 인간은 신이 된다. 포이어바흐가 사랑에서 발견하는 것은 물질적이면서 정신적인 존재 전체로 가는 통로이자 유물론과 관념론을 통합시키는 원칙이기도 하다.

　"사랑이 바로 신이며 사랑을 떠나 신은 존재할 수 없다. 사랑은 인간을 신으로 만들며 신을 인간으로 만든다. 사랑은 약한 것을 강하게 만들고 강한 것을 약하게 만들며 높은 것을 낮추고 낮은 것을 높이며 물질을 이상화하고 정신을 물질화한다. 사랑은 신과 인간, 정신과 자연 사이의 참된 통일이다. 사랑한다는 것은 정신의 입장에서 보면 정신을, 물질의 입장에서 보면 물질을 지양하는 것이다."

　포이어바흐가 물질과 정신을 아우르는 형이상학적 원칙으로 사랑을 상정하고 있는지는 확실하지 않다. 그러나 그가 자신의 철학 전반을 통해 지치지 않고 반복하는, 감성적인 것을 통해 스스로를 입증하려는 사고는 총체적인 존재를 파악하려는 그의 노력을 반영하고 있다.

타자에 대한 관심과 용인을 의미하는 사랑은 또한 개체로서의 인간의 한계를 넘어서 유적 인간의 완전함을 감지하게 만드는 힘이기도 하다. 불완전하고 결함투성이인 개체로서의 인간이 사랑을 경험하는 순간 그는 결핍된 개체의 허약함과 한계를 넘어 완전하고 강하고 자족적인 무한함을 느끼게 되는 것이다. 그 순간 인간이 느끼는 자신감은 포이어바흐에 의하면 "사랑 속에서 유의 완전성을 나타내는 자신감"이다. 이러한 사랑은 우정과 마찬가지로 공동의 덕에 속한다.

"사랑은 유가 성 구별의 범위 안에서 갖는 자기감정과 다름없다. 다른 경우에서는 이성의 내용, 사유의 대상에 불과했던 유의 진리가 사랑에서는 감정의 내용이 되고 감정의 진리가 된다. 왜냐하면 인간은 사랑 속에서 고립된 개체에 대한 불만을 표시하고, 타인의 현존을 영혼의 욕구로서 요청하며, 타인을 자기 자신의 본질에 포함시키고, 사랑에 의해 타인과 결합된 자신의 생활만을 인간, 곧 유의 개념에 어울리는 참된 인간적인 생활로서 천명하기 때문이다."

인간 몸의 사실성과 함께 개인들의 사회적 관계를 이론의 근본 원칙으로 함께 고려한 포이어바흐의 사상은 그래서 마르크스의 평가처럼 당대의 건실한 학문이자 참다운 유물론의 위치를 점한다. 그의 고찰은 신앙, 종파, 환상, 신분 등에 의해 분리된 것들을 결합하는 사랑과 관련돼 있으며, 크게는 인간의 의식과 오성의 빛이 타인의 시선 안에서만 점화된다는 생각에 근거를 두고 있다. 인간을 만드는 데 정신적이고 물질적인 두 사람의 인간이 요청되는 것처럼, 진실과 보편성의 제1원칙이자 기준은 인간이 다른 인간들과 만드는 공동체라는 것이 포이어바흐의 철학을 일관하는 생각이다. 마르틴 부버가 그의 저서 『인간의 문제Das Problem des Menschen』에서 포이어바흐의 "타인의 발견Du-Entdeckung"을 관념론자들의 "나의 발견Ich-Entdeckung"에 필적할 만한 근대 사상의 전환점으로 평가한 것도 같은 맥락에 있다.

제3절 오성의 본질로서의 신

신이 인간의 거울이고 종교가 인간의 무의식적이고 간접적인 자기의식이라면 포이어바흐의 기독교 비판은 20세기에 프로이트가 행한 것과 유사한 구조를 갖는다. 프로이트의 관점에서, 꿈의 자연적인 작동 기제를 발견하여 무의식의 비밀을 알아내게 되면 꿈은 치료에서 중요한 역할을 담당하게 된다. 마찬가지로 신이 인간의 무의식적 자기의식이라면 인간은 이러한 일이 벌어지게 되는 이유를 탐구하여, 신의 표상으로 자신의 본질에 대한 역추론을 행할 수 있는 것이다.

포이어바흐의 종교 비판을 설명하는 거울과 투사 같은 개념들은 바라보는 자와 시선이 머무는 대상이 되는 자를 나누어 생각하게 만든다. 종교에서 인간은 그것이 자신의 것인 줄 모른 채 자신의 본질을 신으로 대상화하게 된다. 포이어바흐는 이를 "종교는 인간의 자기 분열이다"라고 표현한다.

신과 인간의 갈등으로 시작되는 종교에서 신으로 대상화되는 것은 사실은 인간의 은밀한 본질이다. 헤겔의 제자로서 포이어바흐는 갈등 상황은 본질적으로 공통점을 가진 것들 사이에서만 발생할 수 있다는 점에 주목한다. 신과 인간의 갈등은 사실은 인간의 본질과 모순, 분열로부터 시작된다는 것이다. 이때 인간이 자신과 분열된 것으로 느끼는 자신의 은밀한 본질은 그래서 인간에게 원래부터 생득적인 본질일 수밖에 없다. 본래적으로 자신의 것이면서도 인간이 자신으로부터 떼어 내 외부에 대상화해 낼 수 있고 이를 통해 신과의 화해와 통일의 느낌을 얻을 수 있는 이 본질이 바로 오성이다.

포이어바흐는 오성과 이성, 지성을 세밀하게 구분하지 않고 사용하고 있어서 그가 오성에 대해서 얘기할 때 우리는 이 추론적 이성과 지성을 함께 떠올려도 된다. 오성은 철학이 제1원인으로서 신에게 부여해 온 모든 특성들을 가지고 있는 인간의 본질이다. 인간 오성의 본질이 외부로 대상화된 신에 대해서 서술하면서 포이어바흐가 그리는 지점은 종교가 갖는 최상이자 최후의 유지점이다. 동시에 이 지점은 확보된 이후에 차차 감성을 통해 의인화되는 종교의 시발점이다.

신의 순수함과 완전무결함은 인간의 "오성이 스스로의 완전성에 대해서 가지고 있는 의식"이다. 지성, 이성 혹은 오성이 완전무결한 것은 그것이 감성과 달리 정열과 욕구를 가지지 않기 때문이다. 인간은 오성을 통해 사실 자체에 대해서 공평무사한 인식을 얻는다. 그러한 범위 안에서 오성을 쓸 때 인간은 사고의 대상에 함몰되지 않고 객관적이며 엄격하고 냉정한 판단을 내린다. 자신의 입장이나 타인의 입장을 고려하지 않고 대상을 그 자체로 고찰하여 법칙과 필연성을 인식하는 이 오성의 능력은 본래 유의 능력이다. "오성은 초인간적 인간 안에 있는 초개인적·비개인적 힘 또는 본질"인 것이다. 철학, 수학, 천문학, 물리학 같은 과학 일반이 바로 이 인간의 신적인 능력이 산출해 낸 것들이다.

유적 본질이자 인간 최고의 능력인 사유력, 즉 이성, 지성, 정신의 활동이 대상화된 것이 바로 무한하고 독립적이며 자기 목적적이고 자족적이며 통일적인 신이다. 사실은 오성 자체가 무한하고 독립적이며 자기 목적적이고 자족적이며 통일적인 능력이다. 포이어바흐는 철학사가 이미 이러한 오성의 능력을 신적인 능력으로 신에게 부여해 왔음을 지적한다. 철학자들이 신을 설명했던 술어들에는 비물질적인 본질, 지성, 정신, 순수 오성 등이 있다. 그러나 포이어바흐에 따르면, 신으로서의 신을 생각하면서 철학자들이 행한 일은 이 오성의 능력을 개체로서의 인간의 제한으로부터 분리한 것에 불과하다.

"무한한 정신이란 개인성과 육체성의 제한에서 분리되어 있는
지성, 곧 그 자체로 정립되고 사유된 지성 이외의 다른 것이 아
니다."

물론 이때의 신은 감성적인 대상에 머물러 있을 수 없는 신이
고 따라서 아직 섭리를 모르는 신으로서의 신이다. 지성의 본
질이 필연적인 것과 최고의 것만을 대상으로 하며 그것들의 인
식을 통해서만 스스로를 완성하기 때문이다. 가장 일반적이고
필연적인 최초의 원칙을 발견하기 전에는 결함을 느끼고 멈추
지 못하는 이성의 힘은 항상 자신의 능력의 극한을 시험하는
인간의 능력이다. 따라서 신은 "스스로를 최고의 본질로서 진
술하며 긍정하는 이성"의 다른 이름일 뿐이다. 그래서 인간이
자신의 추론 능력과 사유력의 극대점을 신으로 대상화하면서
한 일은 실제로는 자신의 오성을 인간 안의 최고의 능력으로
인정한 것이다.

"이성은 스스로의 본질과 일치하는 신, 이성의 권위를 벗어나지 않고 이성의 본질을 표현하는 신만을 믿을 수 있다. 곧 이성은 스스로만을 믿고 자기 본질의 실재성과 진리만을 믿는다. 이성은 자신을 신에게 의존시키는 것이 아니라 신을 자신에게 의존시킨다."

"내가 오성 안에서 본질적인 것으로서 인식하는 것을 나는 신 안에 존재하는 것으로서 정립한다. 신은 오성이 최고의 것으로서 사유하는 어떤 것이다."

제4절 도덕적 본질 또는 율법으로서의 신

오성의 본질이 인간에게 신으로서 대상화될 때, 그 신은 형이상학적 존재로 표상된 신이다. 그것은 모든 감성적 끈을 끊고 나타나는 일반적이며 비개인적이고 추상적인 신이다. 이 신이 종교적으로 담당하는 것은 인간의 한계와 무상함을 일거에 상쇄하는 대척점으로서의 역할이다. 인간적 생활의 허무함이 대상화된 것이 오성의 본질이 대상화된 신이라면 그것은 종교의 출발점일지는 모르나, 감성을 다루지 않는 이 지점의 의식은 엄밀한 의미에서는 결코 종교적 의식이 아니다.

신의 사랑이 인간의 자기 긍정이 표현되는 것이라면, 인간의 자기 부정과 허무함은 신의 노여움을 통해서 표현된다. 진노하는 구약의 신이 그 예가 될 것이다. 그러나 포이어바흐는 진실한 종교는 결코 인간의 자기 부정의 표현인 신의 노여움과 인간의 무상함을 진지하게 다루지 않는다고 지적한다. 신의 노여움은 인간의 완벽한 멸절로까지 이어지지 않는다. 종교적 신에 대한 진지한 회의가 시작되고 신에 대한 믿음이 소멸하는 지점은 오로지 인간에 대한 인간의 믿음이 사라지는 곳이다.

종교의 첫 시발점은 인간과 신의 차이점을 드러내는 일이다. 그러나 그것은 유한하고 불완전한 인간의 한계를 넘어서는 무한하고 완전한 실존적 존재를 표상하는 일에서 그친다. 그것이 바로 오성의 본질이 대상화된 신의 모습이다. 하지만 진실로 종교가 관심을 가지는 것은 인간에게 인간을 대상화하는 규정들뿐이다.

신은 그 실존적 한계에서는 인간과 달라야 하지만 그 내적 본질 규정에 있어서는 철저히 인간적이어야 한다. 이 본질의 동일성과 통일성이 보장되지 않고서는 인간이 신과 가지는 긴밀한 유대가 성립할 수 없기 때문이다. 유적 인간의 본질이 대상화된 신과 종교 안에서 인간은 위안과 평화를 발견한다. 이러한 일이 가능하기 위해서는 신의 본질이 인간의 본질과 동일해야 한다.

"살아 있는 모든 것은 자기 자신의 요소 안에서만, 자기 자신의 본질 안에서만 평화를 느낀다. 인간이 신 안에서 평화를 느낀다면 그것은 신이 인간의 참된 본질이기 때문이다. … 인간이 신 안에서 만족해야 하며 만족하기를 원한다면 인간은 신 안에서 자신을 발견하지 않으면 안 된다."

그래서 인간에게 유의미한 참다운 종교가 되기 위해서는 도처에서 보편적이고 비인격적인 원칙과 필연성만을 발견하는 오성의 본질과 전혀 다른 어떤 것이 종교적 대상으로 만들어져야 한다. 오성이 무차별적으로 인간 이외의 것들로 뻗어 나가 학문의 왕국을 건설하는 것과는 달리 기독교도는 철저하게 자신만을 생각한다. 인간의 자신에 대한 배타적인 사랑과 긍정이야말로 기독교의 특징적인 규정이다. 그리고 바로 이 부분이 종교의 핵심에 해당하는 것이다.

신으로 대상화된 오성의 본질 중 기독교에서 두드러지는 것은 신이 도덕적으로도 완전무결한 존재로 표상된다는 것이다. 이미 살펴본 종교의 법칙에 따라 신의 도덕적 완전성은 "인간의 도덕적 본질이 절대적 본질로서 정립된 것"이다. 그러나 원칙과 필연과 일반적인 것을 추구하는 사고력이 대상화됐을 경우와 달리, 도덕의 이념과 도덕률이 인격화된 존재로서의 신은 인간에게 자신과 같은 정도의 도덕적 완전함을 명령하는 두려운 존재다. 오성의 일반 원칙은 개별 인간을 시공에 묶지만 신에게서는 절대적이고 무차별적으로 영원히 적용되고, 신의 도덕적 완전성은 그렇지 못한 인간을 고통에 빠지게 만들기 때문이다. 따라서 도덕적인 완전성을 대표하는 신이 명령하는 것들은 이제 인간을 적극적으로 구속하는 무자비한 율법이 된다. 그러한 도덕적 완전성은 의지에 관계되는 것이며, 완전한 도덕적 존재는 인간에게 당위로 이해될 수밖에 없는 율법을 가지고 불완전하고 감성적인 인간을 자신과의 분열과 갈등으로 몰아넣는다.

율법의 엄격함과 무자비함은 오성의 추상적이고 무차별적인 특성을 반영한다. 그래서 이 비인격적이고 필연적인 것을 상쇄하는 인간적이고 감성적인 요소가 종교에 필요해진다. 인간은 스스로의 감성적 경향과 무자비한 율법의 차이를 의식하게 되고 죄의식에 사로잡혀 고통받기에, 이를 구원할 살과 피를 가진 현실적이고 감성적인 신이 요청되는 것이다. 그래서 종교는 심정과 사랑을 최고의 절대적인 힘과 진리로 내세우며, 신을 인간과 동일한 본질을 가지고 인간을 사랑하는 상냥한 존재로 직관한다. 스스로는 죄를 짓지 않으나 인간적 감성이 가지는 필요와 약점과 욕구와 고통을 이해하는 신, 스스로 살과 피를 가진 감성적 존재로 세상에 와 고통받으며 인간의 죄를 용서하는 신의 사랑이 인간을 죄와 허무로부터 구원하는 것이다.

신이 인간의 죄를 용서하는 감성적 존재로 직관되면서 율법과 도덕과 죄가 폐기되고 신은 인간과 동일하게 비도덕적이자 초도덕적인 존재로 정립되기에 이른다. 종교 안에서 비정한 오성의 법칙을 넘어서는 인간적 사랑, 자비, 감성이 승인되는 것이다.

제5절 육화의 비밀 또는 마음을 가진 존재로서의 신

기독교의 큰 주제 중의 하나가 바로 육화Incarnation이다. 신이 살과 피를 가진 인간으로 인간을 찾아왔다는 것이 육화의 내용이다. 이 육화의 신비를 풀기 위해 모순을 사랑하는 사변적인 종교 철학은 무수한 지면과 시간을 할애해 왔다. 신성의 1격과 2격을 따지며 신 중의 육화되는 부분을 지적하려 애쓰거나, 대립물들의 신비한 합성이나 종합을 떠올리거나 혹은 육화된 후의 그리스도에게 남아 있는 신성의 여부나 정도를 따지려는 시도 등이 그것이다. 그러나 포이어바흐에 따르면 육화의 비밀을 알기 위해 우리가 해야 할 일은 형이상학적 사변이 아니다. 그것은 오히려 아주 단순한 인간학적 고찰을 따르면 해결된다. 육화의 비밀이 사랑이라는 것을 직관하는 것이 바로 그것이다. 인간에 대한 한량없는 신의 사랑이 바로 육화의 비밀이다.

포이어바흐가 육화를 직관하며 쓰는 표현은 그것이 "신이 흘린 동정의 눈물"이라는 것이다. 그리고 이 표현에는 이미 신이 인간과 같은 감성을 지닌 존재라는 것과 특히 사랑하는 존재라는 해석이 들어 있다. 그는 육화라는 현상에서 인간과 신의 호환 가능성을 읽어 낸다. 즉 "인간화된 신은 신회神化되는 인간의 현상"에 지나지 않는다는 것이다. 그리고 이 자리바꿈의 순서는 신이 인간이 되기 전에 먼저 인간이 신으로 고양되는 형식으로 되어 있다. 즉 신이 인간의 모습으로 오기 전에 이미 신 안에 인간의 본질과 형상이 들어 있었던 것이다. 그렇다면 육화란 "신 안에 들어 있던 이 인간적인 본성이 사실적이고 감성적으로 나타나는 현상"에 불과한 것이다.

우리가 이 단순한 사실을 바로 깨닫지 못하고 육화를 모순적인 것으로 느끼는 것은 오성의 규정과 심성의 규정을 혼합하고 혼동하는 데서 기인하는 일이다. 하지만 오성의 추상적이고 무차별적인 특성을 반영하는 율법과 실제로 감성적인 사랑의 관계에서 우리가 이미 본 것처럼, 중요한 것은 그 본질에 있어서 자비로운, 이미 인간적인 신의 속성을 깨닫는 것이다. 육화의 비밀은 고통받는 인간에 대한 신의 사랑이다. 그리고 이 사랑은 전적으로 인간에게 자연적이고 생득적인 인간적 사랑이다.

'신은 사랑이다'라는 성경의 언명에 대한 고찰에서 포이어바흐는 기독교의 교리가 신과 사랑을 별개의 것으로 설명하는 현상을 분석한다. '신은 사랑이다'라는 언명을 통해서 사랑이 신의 전적인 본질이 아니라 마치 신의 여러 속성들 중의 특별한 하나인 것처럼 보는 신학적 해석이 종교에서 감성의 중요성을 지우는 것과 같은 실수를 범하고 있다는 것이다. 사랑의 배후에 사랑 없이도 존재하는 주체를 상정하고 사랑과 구별되는 다른 마술적 본질을 신의 인격으로 규정하는 일을 그는 "종교적 광신의 환영"으로 보고 있다. 이러한 해석을 통해 신이 사랑 그 자체라는 사실이 지워져 버렸다는 것이 그의 주장이다. 그러나 신이 사람이 되는 육화에서 가장 중요한 핵심은 바로 신의 본질이 사랑이라는 것이다. 포이어바흐는 심지어 성 베르나르의 글을 빌려 와 "사랑은 신을 극복한다!"라고까지 주장한다. 신이 인간에 대한 사랑 때문에 스스로의 신성을 포기하고 자기 소외를 감수한다는 사실 안에서 그는 육화의 실재성과 의미를 발견해 낸다.

'신은 사랑이다'라는 명제에서 중요한 것은 신의 본질인 사랑이고, 그것은 신적 지위와 존엄성을 포기하게 만들 정도로 강한 인간에 대한 사랑이다. 그리고 진실한 인간의 사랑처럼 이러한 신의 인간 사랑은 비이기적인 사랑이며, 인간을 기쁘게 하려고 자신의 희생마저도 기뻐하는 사랑이다. '신과 인간의 구별을 초월하는 사랑이야말로 인간의 구원자'라는 깨달음은 초자연적인 기적처럼 보이는 육화 같은 종교현상을 단순한 인간적 진리로 환원시킨다. 그것은 종교에서 숭배의 대상이 되는 신이 자신을 숭배하는 자들에게 깊은 관심을 갖는, 인간을 사랑하는 신이라는 사실이다. 신은 육화를 통해 스스로를 버리는 것이 아니라 오히려 있는 그대로의 자신의 본질을 인간적인 본질로 드러낼 뿐이다.

신에게 인간적 현상이 낯설지 않다는 것의 증거이자 신이 사랑이라는 증거인 육화의 비밀을 폭로하는 대표적인 종교현상이 바로 기도다. 포이어바흐는 모든 기도를 신의 육화로 보고 있다. 기도는 인간이 신을 인간적인 욕망과 고뇌로 끌어들이고 관심을 갖게 하는 도구다. 사랑하는 두 사람이 서로의 관심사를 나누듯이 인간은 탄원하고 신은 귀 기울인다. 신이 인간과 동격이 되어 인간의 일을 측은하게 여기는 것은 그가 인간의 고통에 공감하는 철저히 인간적인 존재이기 때문이다. 그러기에 육화와 섭리와 기도는 모두 인간과 신의 동일한 본질을 표현하고 있다.

신이 인간의 고통을 함께 느낀다는 사실, 즉 신이 인간에 대한 사랑 때문에 고통받는다는 사실을 부인하는 신학은 이 단순한 인간 심성의 진리를 부인하고 종교의 참모습을 보지 못한다. 참된 종교인이 신에게 자신의 마음을 맡기고 자신의 고통과 욕구에 신을 참여시킬 때, 그는 마음의 힘을 통해서 신의 의지에 영향을 끼칠 수 있다고 진실로 믿는다. 이때 기도하는 자에게 신은 인간적인 모든 것을 수용할 수 있는 증폭된 인간의 마음일 뿐이다. 기도를 통해 드러나는 것은, 참된 종교에서 인간은 존경과 기도의 대상이 될 수 있는 마음을 가진 존재, 사랑으로서의 신을 믿는다는 사실이다. 인간은 사랑을 자신의 행위의 규정 근거로 삼으며, 그 존재를 신으로 믿는다. 그리고 이 신은 인간적인 본질과 마음을 가지고 있는 존재다.

"종교적 심성이 신 속에 갖다 넣는 사랑은 지어냈거나 상상적인 사랑이 아니라 본래의 사랑, 곧 구체적이고 참된 사랑이다. 신은 사랑을 받고 다시 사랑한다. 신의 사랑 속에서 인간의 사랑이 대상화되고 승인될 뿐이다. 스스로에 대한 사랑만이 스스로에 대한 진리로서 신 속에서 심화된다."

신의 사랑과 인간의 사랑에 차이가 있다면 그것은 본질적인 차이가 아니라 단지 제한의 정도에 있다. 인간에게 제한적인 것이 신에게서는 무제한적인 사랑이 된다. 신의 활동은 철학에서 관조, 즉, 보는 일로 표현되곤 했다. 떨어져 사랑하는 자들이 이별의 그리움을 끝내고 살과 피와 같이 실제적이고 구체적으로 드러난 사랑의 대상을 눈앞에 보고 만지고 싶은 것처럼, 보이지 않던 존재를 보고 싶다는 것은 강렬한 사랑의 욕구다. 그래서 사랑하는 자를 바라보는 시선은 사랑의 확신을 담고 있다. 동일한 이유로 육화는 신의 인간 사랑이 가지고 있는 부인할 수 없는 사랑의 확실한 증거가 된다. 유감스러운 일은 기독교에서 이 육화가 시공간적으로 제한된 소수의 사람들에게만 나타났던 현상이라는 점이다. 그러나 육화에서 중요한 것은 이 현상이 일시적이라는 데 있는 것이 아니라 이 현상이 드러낸 영원하고 보편적인 본질인 사랑의 직관에 있다.

종교에서 인간이 신적 대상과 신적 목적으로 삼는 것은 자기 자신일 뿐이고, 자신의 본질과만 관계할 뿐이라는 가장 핵심적인 증거가 바로 신의 인간 사랑이다. 겸손해지고 낮아지는 신이 주는 고귀한 인상이 육화라는 현상에 드리워 있다. 이 현상을 통해 드러나는 것은 신 안에 들어 있던 인간 스스로의 본질이다. 신이 인간을 위해서 인간이 된다는 상징 안에는 더할 수 없는 인간의 가치에 대한 긍정이 들어 있다. 육화는 인간의 최고 긍정을 나타내는 종교현상이다. 그리고 따지고 보면 신을 사랑하는 종교 행위를 통해서 인간이 사랑하는 것은 결국 그 신이 사랑하는 인간이다. 인간에 대한 신의 사랑이 결국은 인간의 자기 사랑이라는 것과 사랑만이 인간의 마음이자 생활 원리라는 사실이 육화를 통해 드러난다. 이 절의 마지막에서 포이어바흐가 인용하는 루터의 글에는 사람이 된 그리스도를 사랑하는 자는 필연적으로 살과 피를 가진 지상의 모든 인간을 사랑해야 한다고 적혀 있다.

제6절 고통받는 신의 비밀

모든 사랑은 고통을 동반한다. 모든 열망에는 고통이 따르는 것이다. 우리가 열정이라고 번역하는 Passion이라는 단어는 본래 고통을 뜻하는 라틴어 passio에서 유래한 것이다. 그리스도는 수난과 관련돼 있다. 오성이 대상화된, 신으로서의 신인 아버지 신이 인간적 완전성의 총체라면, 감성적 신이고 사랑하는 신인 그리스도는 인간적 불행의 총체로 고통받는 자다. 포이어바흐는 철학이 지성의 활동을 신적 활동으로 찬미했던 반면, 기독교인들은 고통을 신성화해서 신 안에 집어넣었다는 점에 주목한다. 인간적 본질에 속하는 민감함과 감수성의 의식이 기독교에 적극적으로 수용되었던 것이다.

그리스도는 인간에 대한 극진한 사랑이 신으로 하여금 사람이 되게 한 결과물이다. 그리고 이 사랑은 고통을 동반한다. 그의 사랑 역시 모든 사랑처럼 고통을 통해 연단되고 확인된다. 게다가 그의 고통이 죄로 더럽혀지지 않은 인간의 고통이고, 인간에게 최선의 것을 선물하기 위해 받는 고통이며, 사랑과 자기희생의 고통이라는 사실은 그의 고통에 특별한 주의를 환기시킨다. 인간의 마음에 최고의 인상을 주는 이 고통의 역사는 감성적인 마음의 작품이고 마음의 본질을 대상화한 것이다.

마음에 드러나는 것이나 마음의 소리는 눈을 감거나 귀를 막는다고 보이지 않고 들리지 않는 것이 아니다. 마음으로부터 오는 것들은 긴박한 필연성을 가지고 폭력적으로 등장하여 인간을 사로잡는다. 참회와 동경의 눈물, 탄식과 고통의 종교인 기독교는 감성적인 종교다. 그리스도가 고통받는다는 사실은 그의 본질이 감성적인 마음이라는 것을 의미한다. 오성적인 인간의 본질이 대상화된 아버지 신은 자발적으로 행위하는 자이나, 사랑하는 그리스도는 수동적으로 느끼고 고통받는 존재다. 포이어바흐는 이것을 "고통받는 신의 비밀은 감각Empfindung에 있다"라고 표현한다.

그리스도는 고통을 느끼는 신이며 감수성이 풍부한 신이다. 그가 지각을 느끼는 감정적인 신이라는 말은 결국 감정이 절대적인 신적 본질이라는 말의 종교적 표현일 뿐이다. 내적 필연성을 뜻하는 마음으로부터 어떠한 인간도 제외하지 않고 죽음도 불사하며 사랑하겠다는 고통받는 신의 사랑이 전해질 때, 사변적인 신학의 때가 묻지 않은 기독교의 참된 본질이 드러난다. 이렇게 인간을 위해 고통당하는 신의 사랑에 대한 직관을 통해 우리가 알게 되는 것은 타인을 위한 고통은 신성하다는 것이며 그러한 고통의 당사자는 신적으로 행동하고 인간에게 이미 신이라는 사실이다.

그리스도가 사랑하고 고통받는 감성적인 신이라는 사실 안에는 감정을 자신에게 본질적인 것으로 여기는 인간의 가치판단이 반영돼 있다. 신앙이 인간에게 신성한 것에 대한 의식意識이라면, 그것은 인간의 가장 내부에 있는 고유하고 궁극적인 근거와 본질에 대한 의식일 뿐이다.

"인간에 대해 본질적 가치를 지니는 것, 인간에게 완전한 것이나 특출한 것으로 인정되는 것, 인간에게 참으로 만족을 주는 것, 그것만이 인간에게 신이다. 당신에게 감정이 훌륭한 특성으로 생각된다면, 감정은 바로 그 때문에 당신에게 신적인 특성인 것이다. 그러므로 민감하고 감정이 풍부한 사람은 민감하고 감정이 풍부한 신만을 믿는다. 그는 자기 자신의 존재와 본질의 진리만을 믿을 뿐이다. 왜냐하면 그는 스스로의 본질 속에 있는 것 이외의 다른 것을 믿을 수 없기 때문이다."

제7절 삼위일체와 성모의 비밀

인간이 추상적인 의미에서 자신의 본질에 대해서 갖는 의식이 철학이라면, 종교는 인간이 자신의 경험적 생활의 전체성에 대해서 갖는 의식이다. 그리고 삼위일체의 의식은 종교 안에서 드러나는 인간의 전체성에 대한 의식의 총화다. 스스로를 긍정하고 주장하고 사랑하는 전체로서의 인간은 오로지 전체적으로 완전한 존재로 드러나는 신을 통해서만 만족될 수 있다. 그래서 우리가 이제까지 인간의 본질이 대상화된 것으로 고찰했던 두 종류의 신이 삼위일체에서 합쳐진다. 즉 인간의 오성이 종교적으로 대상화된 아버지로서의 신과, 인간의 감정이 종교적으로 대상화된 아들로서의 신이 삼위일체를 통해 전체성을 획득하게 되는 것이다.

신으로서의 신인 아버지는 독립성, 자발성, 무한성, 도덕적 완결성, 엄정함을 속성으로 갖는 고독한 신으로 인간의 본질인 사유력과 의지력이 종교적으로 대상화된 것이다. 반면에 인간의 또 다른 본질인 감정이 종교적으로 대상화된 아들로서의 신은 사랑하고 고통당하고 감수성이 풍부한 신으로 공동생활을 통해 자신을 완성해 가는 인간적인 특성을 갖는 신이다. 이들 각각을 개별화해서 고찰할 경우, 둘 중 어느 것도 전체로서의 인간에게 만족을 줄 수 없다.

인간은 사유하고 느끼는 존재다. 오성과 감성을 모두 가지고 있는 것이다. 따라서 전적으로 오성적이기만 한 차가운 사유의 주체는 느끼고 고통받는 인간에게 만족을 주지 못한다. 마찬가지로 감정만 있는 존재 역시 생각하는 인간에게 온전한 만족을 줄 수 없다. 그래서 사유하는 동시에 느끼고 고통받고 사랑하는 신이야말로 완전한 신이며 이러한 신만이 온전한 인간에게 진실한 종교적 경배의 대상이 된다. 삼위일체는 바로 이 신의 두 측면이 하나로 통합되는 지점이며 이 통일을 통해서 신으로 대상화된 두 인간적 본질이 화해하는 것이다.

내면의 종교인 기독교는 현세를 벗어난다. 이것은 신이 일차적으로 다른 여타의 경험적인 것들에 의존하지 않고 전적으로 자신과만 함께 있을 수 있는 힘의 의식이기 때문이다. 인간은 사유를 통해서 경험적 세계를 초월하고 자신의 사유 능력을 대상화할 수 있는 존재다. 그러한 이유로 신으로서의 신인 아버지 신은 철학적으로 세계로부터 분리된 세계 외적이고 초세계적인 존재로 표상돼 왔다. 그에게 붙여진 이름이 부동의 원동자이건 제1원인이건, 이 신은 경험 세계와의 모든 연관을 끊고 자신으로 돌아와 침잠하는, 세계 없는 인간의 내면이 대상화된 존재다.

그러나 인간이 이러한 신의 표상을 통해 자신과 세계의 전부를 부정하는 것은 아니다. 그가 자신과 세계로부터 사상시키는 부분은 개인적인 제한일 뿐이며 유적 인간의 본질은 이 독자적이고 추상적인 신의 개념 안에서도 그대로 보전된다.

"인간이 포기하는 것은 단지 자신의 개성일 뿐이며 본질이 아니다. 세계의 현상일 뿐이며 본질이 아니다. 그는 이러한 추상화 안에서 자신이 포기하거나 혹은 포기한다고 믿는 것을 다시 수용한다. 그리고 마찬가지로 종교는 스스로가 의식적으로 부정하는 모든 것을 무의식적으로 신 안에 정립한다. 단지 구별과 추상화의 특징들을 붙인 채 정립한다."

그래서 인간의 오성이 대상화된 아버지 신은 자신만을 마주하는 고독한 존재다. 그는 단지 스스로를 사유할 뿐이다. 이 고독하고 자족적인 신에게는 사랑으로 갈 수 있는 조건인 이원성과 다른 자아에 대한 욕구가 배제되어 있다. 이러한 신만으로는 느끼고 고통당하고 사랑하는 존재인 인간을 만족시킬 수 없다. 따라서 타인에 대한 사랑과 공동생활에 대한 욕구를 만족시키기 위해 설정되는 것이 바로 아버지 신과 인격적으로는 분리되나 본질적으로는 동일한 아들 신이다. 이로써 고독한 오성인 나Ich는 사랑의 감수성을 가진 너Du를 만나고 완전해진다. 우리가 삼위일체 사유에서 만나는 것은 그래서 초자연적인 신비가 아니라 타인과의 공동생활 안에서만 만족을 얻을 수 있는 인간의 욕구가 종교적으로 표현되는 자연적이고 생득적인 인간의 진리일 뿐이다.

성부와 성자와 함께 삼위일체에서 세 번째 고리를 완성하는 성령은 아버지와 아들이 공동으로 보여 주는 서로에 대한 사랑의 표현에 불과하다. 포이어바흐는 이 성령 개념이 사실은 성부와 성자의 통일성과 공동성의 개념이 불합리하게 하나의 개별 인격으로 설정된 것으로 보고 있다. 그것은 종교 안에서 인간에게 대상이 되는 신과 인간의 통일로, 이름만으로 존재할 뿐인 인격에 불과하다. 이렇듯 사랑만을 대표하는 성령이 종교에서 꼭 필요한 것이 아니라는 사실은 사랑이 두 사람만으로 충분하다는 사실을 통해서도 입증된다. 마음은 인간의 특별한 능력이라기보다는 사랑하는 인간을 의미하기에, 즉 사랑하는 한에서의 인간이 바로 마음 자체이기에, 아들 신이 아버지 신과 함께 있는 것만으로도 "양면성과 공동생활의 원리"가 되는

"인간 마음의 자기 긍정"을 표현하는 것이 충분한 것이다.

아버지를 빛으로 아들을 온기로 비유하는 포이어바흐의 해석은 지성의 차가움을 지상의 따뜻함으로 연결시키는 아들의 위치를 더 강조하고 있다. 자신을 부정하면서까지 유한한 존재인 인간을 사랑하는 신의 자기 부정이 바로 육화를 통해 나타나는 아들의 위상이다. 아버지 신은 아들 속에서 인간이 된다.

성령의 인격이 상대적으로 모호하고 불확실한 것은 신의 가족에 마리아가 제3의 여성적 인격으로 등장하는 이유가 된다. 아버지와 아들 사이의 사랑의 유대를 완벽한 인간적인 것으로 만드는 설정이 성모의 비밀이다. 현실적인 생활에서 부정된 인간의 가장 내적이고 자연스러운 욕구를 삼위일체를 통해 만족시키기 위해 성령의 자리에 성모를 배치하게 된 것이다.

수동적인 본성을 가지고 고통당하며 사랑하는 아들 안에는 여성적인 심정과 더 친화적인 성정이 자리한다. 포이어바흐는 이미 아들 안에서 모성의 원리를 발견한다. 기독교인의 정서가 신의 완결태를 표상하면서 자연에 더 가까운 사랑의 형식인 모성을 3위의 완결 고리로 두었다는 것이 그의 해석이다.

신은 인간에게 사랑을 표현하는 방식으로 자신에게 가장 귀중한 것인 아들을 내주는 형식을 취했다. 그러나 가장 지고하고 심원한 사랑이 모성애라는 사실은 변하지 않는다. 인간이 사유하고 사랑하는 존재이기에 인간이 경배하는 신 역시 인간처럼 자연스럽게 사유하고 사랑하는 존재가 된다.

인간적 내용으로 풍부한 삼위일체의 신은 다른 한편 인간적 결여의 반증이기도 하다. 사랑으로 충만한 공동체를 현실에서 이루지 못하는 인간의 욕망이 보다 풍요롭고 구체적인 사랑의 형태로 삼위일체의 신을 통해 대상화되고 있는 것이다. 인간에게 결여되어 있기에 인간이 더욱더 그리워하는 것, 그것이 바로 신이다. "신은 결핍 감정으로부터 발생한다."

제8절 신의 형상과 로고스의 비밀

삼위일체론이 지성의 차가움을 지상의 따뜻함으로 연결시키는 아들의 위치를 더 강조했다는 사실은 이미 살펴본 것과 같다. 신학적 논쟁들이 신과 그리스도의 동일성과 유사성을 놓고 오랜 논쟁을 벌인 일은 포이어바흐에 따르면, 기독교의 이름이 유래하는 그리스도의 위상을 놓고 벌인 명예 전쟁으로 볼 수 있다. 이 논쟁의 뒤에는 기독교의 실제 본질적인 신이 누구인지에 대한 논란이 자리한다.

포이어바흐는 이 질문에 대해 주저하지 않고 제2인격신인 그리스도야말로 기독교의 본질적이고 특징적인 대상이라고 확실하게 답하고 있다. 그리고 한 종교의 본질적이고 특징적인 대상이야말로 그 종교의 신이 분명하다. 포이어바흐의 대답은 그래서 그리스도야말로 기독교의 참된 신이라는 내용을 담고 있다. 예수는 신과 동격인 신적 품위를 가진, 기독교의 참다운 경배의 대상이다.

그리스도야말로 기독교의 참된 신이라는 자신의 명제를 증명하기 위해 포이어바흐는 모든 종교의 실제 신은 소위 중개자Mittler이며, 이 중개자야말로 종교의 직접적인 대상이 된다는 사실을 지적하고 있다. 신에게 영향을 끼치기 위해 직접적으로 신에게 매달리지 않고 이 신을 좌지우지할 수 있는 어떤 매개자에게 매달리는 모든 종교적 형태에서 우리는 이 중개자를 찾을 수 있다.

무당과 성자와 예수는 각각의 종교에서 중개자라는 구조적으로 동일한 역할을 수행한다. 이때 종교인이 중개자에게 우선적으로 기대는 이유는, 중개자가 어떤 형태로든 신에게 영향을 끼치는 존재이고 신은 역으로 이 중개자에게 의존하는 존재라고 생각하기 때문이다. 그렇다면 이러한 형식의 종교에서 신과 인간을 중개하는 중개자의 위에 있는 것으로 상정되는 신은 인간의 입장에서는 사실은 불필요한 존재로 전락하고 만다.

"중개자의 배후에 있는 신은 추상적이고 불필요한 표상, 보편적인 신성의 표상 또는 관념에 불과하다. 중개자가 개입하는 것은 이 관념과 화해하기 위해서가 아니라 그들을 멀리하기 위해서며, 부정하기 위해서다. 왜냐하면 이 관념은 종교의 대상이 아니기 때문이다. 중개자 위에 있는 신은 마음 위에 있는 차가운 오성에 불과하며 올림푸스의 신들 위에 있는 운명Tatum과 비슷하다."

인간과 동일한 감수성을 가지고 느끼고 고통받고 사랑하는 그리스도가 기독교의 참된 신이 되는 또 다른 중요한 이유는 그리스도를 드러내는 규정들이 주로 형상Bild들이라는 사실에서도 찾을 수 있다. 성경은 아들을 신의 초상Ebenbild이라고 분명히 표현하고 있다. 즉 아들의 본질은 그가 형상이라는 것, 즉,

"보이지 않는 신의 보이는 영광"이라는 것에 있다.

　오성과 사고력이 대상화된 신으로서의 신, 제1격인 아버지 신은 비감각적이고 형상이 결여된 추상적인 존재로 인간의 감성적인 본질에 상응하기 어렵다. 반면에 그리스도를 규정하는 형상은 인간에게 쉽게 이해되며 감성적 존재인 인간을 지배하고 행복하게 만든다. 형상적이고 심정적이며 감각적인 이성을 나타내는 개념은 상상력Phantasie이다. 그리스도는 형상을 직관하려는 인간의 이 상상력이 신적 활동으로 대상화된 것이다. 그리스도인 아들을 통해서 인간은 추상적인 존재이자 사유력이 형상화된 존재인 아버지를 자신이 쉽게 이해하고 감응할 수 있는 감관과 상상력의 대상이자 중개자로 변화시킨다.

　기독교의 실제 신인 그리스도가 가지는 또 다른 규정은 그가 태초부터 신과 함께 있었던 신의 말이라는 사실이다. 예수가 로고스라는 규정 역시 형상의 본질과 관련된다. 어떠한 사상을 표현하는 상상력의 내용이 형상적인 말이라는 사실은, 말이야말로 상상력의 본질이라는 사실을 일깨운다. 인간이 자신의 상상력을 신적인 힘으로 긍정하고 대상화하는 일이 종교에서 가지는 중요성을 강조하기 위해 포이어바흐는 심지어 다음과 같이 쓰고 있다.

"종교적 대상은 예술 또는 상상력이 인간에게 아무 방해도 받지 않고 자신의 지배력을 휘두르기 위한 구실에 불과하다."

상상력의 본질이 말이라면 우리는 이 문장에서 '상상력'이라는 단어를 '말'로 바꾸어도 된다. 포이어바흐가 여러 번 반복해서 설명하는 것처럼 종교에서는 일반적인 진리가 특수한 진리로 바뀌고, 참된 주어가 술어의 자리로 도치되어 나타난다. 인간의 말 속에 들어 있는 인간의 욕망, 즉 사유하고 느끼고 상상하고 이야기하고 전달하려는 인간의 욕망은 인간에게 본질적인 것이고 이것이 기독교에서는 로고스 사상으로 나타난다. 말을 둘러싼 인간의 충동과 말의 위력은 모두 신성한 것이다.

인간은 항상 자신에게 최고의 가치를 갖는 실재적인 것을 신으로 대상화한다. 이성, 사랑, 아름다움 등이 그 예가 될 것이다. 신이 인간이 갖는 실재성의 총체, 즉 인간의 본질성과 완전성의 총체라면 우리는 거기에 인간이 상상할 수 있는 가장 큰 정신 작용과 힘의 표현을 집어넣을 수밖에 없다. 말의 힘이 바로 그것이다. 따라서, 그리스도는 신의 말이다. "신의 말이란 종교의 내부에서 인간에게 대상이 되는 말의 신성이다."

제9절 신 안에서 세계 창조 원리의 비밀

삼위일체의 중심에 있으며 참다운 기독교의 신인 그리스도는 동시에 신 안에 있는 세계 창조의 원리이기도 하다. 그러므로 인간에게 이해되지 않고 부조리한 것으로 남는 무로부터의 창조creatio ex nihilo를 이해하는 것이 이 원리에 대한 성찰의 과제다.

오성이 대상화된 신은 세계를 신과 다른 것으로 상정하는 구별의 원리이다. 그는 사유하는 신이고 경험 세계와 무관한 자신에 대해서만 사유할 뿐이다. 그러한 의미에서 신에게 아직 세계는 자신과 다른 어떤 것일 뿐이다. 세계는 엄밀하게 신과 무관한 것이며 신으로부터 나올 수 없는 어떤 것이다. 그러나 그가 자신의 사유 안에서 자신의 형상을 떠올리며 스스로와 구별한다는 사실은 자신과 자신이 아닌 것을 구분하는 근거가 된다. 이는 아버지 신이 자신에 대한 사유 안에서 제2격인 아들을 통해 형상화된다는 것, 즉, 육화와 동시에 세계가 사유됨을 의미한다. 신이 스스로에 대해서 사유하면서 행하는 일은 스스로를 의식하는 것이다. 그러나 스스로를 의식하는 이 의식은 이미 본질적으로 구분의 의식일 뿐이다.

내가 나라는 사실을 아는 것은 내가 다른 것이 아니라는 것을 아는 것이다. 세계는 이 구분하는 의식과 함께 설정되고 이 의식을 통해 매개된다. 자신에 대한 사유의 결과로 드러나는 형상인 아들은 스스로에 의해 사유되고 대상화되며, 원형을 모사하는 또 다른 신이다. 이 신이 바로 중개자이며 세계 창조의 원리가 된다. 우리가 타자 일반을 생각할 수 있는 것은 본질적으로 나와 같은 타자에 대한 생각을 매개로 해서 발생한다. 그래서 인간과 동일하게 느끼고 고통받고 사랑하는 그리스도는 신으로서의 신과 세계를 매개하는 자이며 세계 창조의 원리가 된다.

매개자인 신의 제2인격이 세계 창조의 원리라는 사실은 역으로 인간학의 비밀 하나를 밝혀낸다. 그것은 나와 타인과의 관계에 주목하게 만든다. 세계가 존재한다는 것, 즉 나 이외의 것들이 존재한다는 의식은 자신의 한계에 대해서 의식하는 것이다. 그리고 유적 존재의 무한성을 신으로 대상화하는 인간의 충동, 즉, 무한을 향한 인간의 충동과 모순되는 자신의 제한성에 대한 의식을 통해 인간은 겸허해진다.

　인간이 자신의 외부에서 최초로 자아의 한계로 인식하고 만나게 되는 존재가 그 역시 자신의 입장에서 또 다른 자아인 바로 너Du이다. 이 타인은 세계와 나를 연결하고 나의 타자 의존성을 일깨우는 존재다. 인간은 자신과 구별되는 타인의 시선을 통해 스스로에 대해 더 명확한 의식을 갖게 되고, 그 결과 세계에 대해서도 더 명확한 의식을 갖게 된다. 이렇게 세계의식이 타인에 대한 의식을 통해서 매개될 수밖에 없다는 의미에서 "인간은 인간의 신"이 된다. 타인을 의식하는 자의식이야말로 세계 창조에 버금가는 세계 발견의 원리가 되기 때문이다. 실제로 자신의 세계 경험에서 모든 인간은 인간이 이룬 문화의 극점에 서서 그 문화의 열매를 향유한다. 그리고 문화라는 것은 결국 개별적 인간의 역량과 제한을 뛰어넘어 무한에 이른 유적 인간이 이뤄 낸 성과를 가리키는 말이다. 결국 개별 인간의 힘은 인류의 힘이다.

　"기지, 총명, 상상력, 느낌, 이 모든 영혼의 힘은 고립체로서의 인간의 힘이 아니라 인류의 힘이며, 문화 산물이며, 인간 사회의 산물이다.”

인류가 공동생활을 통해서만 감정과 상상력, 이성과 사랑을 길러 온 것은 우연이 아니다. 최초의 사유 활동이 대화의 형식을 띠고 있고 고대의 감성적인 민족들에게 사유와 공부가 문답 형식의 대화로 되어 있는 것은 인간이 기본적으로 타인에게 의존적인 문화적 존재이기 때문이다.

신으로부터 세계가 산출되었다는 생각은 동일성과 차이성에 대한 철학적 성찰을 촉발시킬 수 있다. 동일한 것으로부터 나오는 것이 어떻게 차이를 드러낼 수 있는가에 대한 논쟁이 그것이다. 그러나 그리스의 자연 철학자들이 원질이나 순수 질료에 대해서 생각하며 떠올린 세계의 물질적인 근거에 대한 생각은 종교적 상상력과는 거리가 멀다. 종교는 오히려 물질과 정신의 호환을 의심 없이 받아들이며 신 안의 말씀인 로고스에서 현상 세계의 전 단계인 정신적 대상들을 읽어 낸다. 즉 로고스에 의해 불러내지기 전에도 세계의 사물은 감관의 대상으로서는 아니나 신적 정신의 대상으로는 이미 존재하는 것들이었다.

"기독교적인 철학자나 신학자들은 현실적인 물질을 상이한 사물의 근거로서 설정하지 않았다. 그 대신 그들은 신적인 오성을 만물의 핵심으로, 현실적인 물질의 근거를 이루는 정신적인 물질로 만들었다. … 이교도의 질료가 가지는 영원성과 기도교적 창조의 차이는 이교도가 세계에 현실적·대상적 영원성을 귀속시키는 반면, 기독교도는 감각적이지 않은 영원성을 세계에 귀속시킨다는 것뿐이다."

그러므로 신과 세계는 본질적인 차이를 가지지 않고 단지 형식적인 차이만을 가질 뿐이다. 신의 자기 사유가 이미 세계와 만물에 대한 사유를 내포하고 있기 때문이다. 따라서 감각적인 것을 배제하고 추상적으로 추출된 세계의 본질과 신의 본질은 동일한 것이다. 마찬가지로 구체적으로 현실화되어 감성적으로 직관되는 신의 본질이 바로 세계의 본질이다. 그렇다면 창조는 그 자체로도 형식적인 활동에 불과한 것으로 드러난다. 이미 창조 이전에 신의 사유와 오성의 대상으로 존재하던 것들이 창조를 통해 감각할 수 있는 현실적 대상으로 드러나는 것이기 때문이다.

제10절 신비주의 또는 신 속의 자연의 비밀

철학은 사태를 있는 그대로 보려는 노력이며 이때 철학이 사용하는 개념은 군더더기 없이 있는 그대로의 사태를 담아내는 그릇과 같다. 잘못된 개념과 사이비 개념들을 가려서 그 원인을 제거하는 일 역시 철학적 활동에 속한다. 그러한 점에서 세계 창조를 설명하기 위해 신 속의 자연을 말하는 신비주의적 논의들에 대한 포이어바흐의 비판도 잘못된 개념들을 교정하는 철학적 활동이라 할 수 있다.

순수한 정신이자 정화된 자의식이고 도덕적인 인격으로 상정되는 신으로부터 혼돈되고 어둡고 황량하고 도덕과 무관한 자연이 산출되어 나온다는 것은 모순적이다. 이 사실을 해결하기 위해서 신비주의 전통이 행한 편법은 신 안에 감추어져 있는 자연을 설정하는 일이다.

신이 빛이라면 자연은 어두움이다. 신과 모순되는 자연이 신으로부터 산출될 수 있으려면 빛의 원리인 신 안에 처음부터 이 어두움의 원리가 들어 있었을 가능성을 고려해 볼 수 있다. 신이 유일한 창조의 원리만을 가지고 있는 것이 아니라, 신 안에 빛의 원리와 어두움의 원리가 이원화되어 공존한다는 생각이 바로 그것이다.

동일한 신 안에 두 가지 원리를 상정하는 신비주의에 의하면 신의 일부는 정신, 의식, 인격성이다. 통상 신 개념의 전면에 배치되는 이러한 투명한 빛의 원리와 대조적으로, 신의 개념 뒷면에 배치되고 음습하게 감춰지는 다른 원리가 바로 자연이다. 세계 창조 과정에서 스스로를 인식하고 대상으로 구분하는 신의 밝은 구분력과 대조적으로, 자연은 신 안에 들어 있는 또 다른 비지성적인 가능성이며 궁극적으로는 육肉과 물질을 의미한다.

여기서 신비주의가 신 안에 설정하는 자연이 육체적이고 물질적이라는 사실은 문제가 되지 않는다. 진정 문제가 되는 것은 신비주의의 전통이 이 육체적이고 물질적인 것을 현실적 대상이 아니라 상상된 대상으로 본다는 점이다. 그로 인해 신비주의자들에 의해 행해지는 신에 관한 논의는 공허하고 추상적인 체계로 귀결되기에 이른다.

종교가 인격신을 상정하는 것은 종교를 통해 인간의 본질이 숭배된다는 점에서 당연한 것으로 이해된다. 그러나 신비주의

자의 문제는 그가 인간의 본질에 대해서 생각하면서 자연이나 인간과 구분되는 또 다른 인격적 본질에 대해서 생각한다고 착각한다는 점에 있다. 그런 의미에서 신비주의는 종교적인 "자기 환상"에 불과하다. 실제로 해명되어야 하는 것은 인간과 다른 존재자의 본질이 아니라 인간의 본질에 불과할 뿐이다. 그러나 신비주의자는 인간에게서 해명되는 본질을 은폐하여 그것을 애초부터 신이 가지고 있던 본질로 만들려고 애쓴다.

오성이 대상화되는 신과, 화해하는 신 안의 또 다른 인간적 본질로 인간의 물성이 지적되어야 하는 지점에서 신비주의는 살肉과 피가 아니라 다의적이고 추상적인 자연이나 근거에 대해서 말한다. 이를 통해 신의 인격은 애매하고 음험하고 신비적으로 변할 뿐이다. 신비주의의 비철학성을 논하는 포이어바흐가 의도하는 것은 참된 종교에서는 신의 개념 안에 올바른 인격신의 개념이 필수 불가결하다는 점을 드러내는 일이다.

신비주의자들이 신의 정신성과 분리시켜 또 다른 근원이라고 상정하는 신의 자연적 근거는 엄밀히 따지면 감성적 충동의 강인함을 의미하는 살과 피의 힘에 불과하다. 따라서 지성의 빛에 대립하는 것으로 자연을 설정한다면 그것은 사유와 사랑,

정신과 육체, 자유와 성욕의 대립 이상일 수 없다.

구속하고 집약하고 단축하는 육체 없는 자연은 빈 개념에 불과하고 무無를 의미할 뿐이다. 살과 피로 된 육체, 공간적 배타성, 육체의 현실성 그리고 성적 구분은 모두가 생명이라는 선으로 연결돼 있다. 그래서 자연의 진실한 이름인 이것들을 제외하고 신 안에 또 다른 자연을 설정하는 모든 표상은 기만이자 잘못된 수치심에서 기인한다.

우리는 신이 남자인지 여자인지 구분하지 않고, 신이 후손을 남기는 형태의 다양성에 대해서 탐구하지 않는다. 그러나 성의 구분을 통한 윤리적 토대가 없는 신은 포이어바흐에 의하면 "밑 빠진 신"에 불과하다. 성의 구분으로부터 비롯되는 살과 피를 가진 자연의 당당한 속성을 신의 자연적 본질로 인정하지 않는 신학적 해석은 신비주의라는 기만적 안개에 싸인 것이다. 따라서, 신비주의가 신 안의 자연적 근거에 대해서 말할 때의 자연은 실제적인 자연이 아니라, "자연의 기만적이고 비본질적인 가상이며 환상적 유령"에 불과하다.

절대적인 신을 상정하는 종교에서 그 대상은 모두 개체적 인간이 가진 한계를 덜어 낸 절대적인 존재로 설정된다. 이때 대상화되는 신적 본질은 인간의 본질이 정화되고 추상화되고 절대화된 것일 뿐이다. 이 추상화에는 인간의 가치판단이 반영된다. 인간이 기리고 칭송하는 것이 신이고 질책하고 비난하는 것은 신이 아니다. 종교와 신의 관념에서 가장 근본적인 것은 바로 이 양자를 나눠서 완전한 것과 불완전한 것, 본질적인 것과 공허한 것을 구분하는 것이다.

종교 안에서 인간에게 해방이 일어난다면 그것은 인간이 종교를 통해서 자신의 모든 제한을 버리고 해방되기 때문이다. 포이어바흐는 이를 "신은 모든 불쾌감으로부터 해방된 인간의 자기감정"이라 말했다. 인간이 신으로부터 배제하는 모든 것들이 인간에게 무가치한 것이고 무의미한 것이라는 인간학적 사실은 이미 종교에서 신의 진리성을 보증한다.

신적 본질은 일차적으로 모든 여타의 대상적인 것으로부터 벗어난다. 그것은 오직 자신과만 관계하며 자신만을 즐기고 자신만을 기념하는 인간의 내면적이고 순수한 주체적 자아다. 그래서 예지적인 것과 인격성을 비예지적인 것과 자연으로부터 분리해서 완전한 것과 불완전한 것을 구분하는 것이 종교적 인간의 첫 과제가 된다. 감성, 세계, 자연이 끝나는 곳이 신성의 관념이 나타나는 지점이다.

> "자연이 끝나는 곳에서 신이 시작된다. 왜냐하면 신은 추상화의
> 최후 경계이기 때문이다. 내가 이 이상 추상화할 수 없는 것이 신
> 이다. 내가 파악할 수 있는 최후의, 곧 최고의 사상이 신이다. 우
> 리가 그보다도 더 큰 것을 사유할 수 없는 것이 신이다."

이러한 관점에서 신의 인격성을 애매한 자연적 근거라는 개
념으로 규명하려는 신비주의자들의 노력은 허망한 철학적 물
타기에 불과한 것으로 드러난다. 인격성이 신의 본질 규정으로
인정되는 곳에서는 이미 인격성이 최고의 신적인 것이자 절대
적 본질로서 종교화되고 있기 때문이다.

인간의 인격적 본질이 자연적 의존으로부터 해방되고 정화
된 것이 신의 인격성이다. 인간은 자신의 인격성을 신적인 것
으로까지 올리는 일을 통해 그것의 초자연성, 불멸성, 독립성,
무제한성을 찬양하는 것이다. 게다가 추상적이고 오성적이기
만 한 신의 본질은 우리가 살펴본 것처럼 느끼고 고통받고 사
랑하며 공동생활하는 감성적 인간에게 신의 한 측면만을 드러

낼 뿐이다. 이러한 사실을 보완하기 위한 또 다른 종교적 장치가 바로 느끼고 고통받고 사랑하는 인간과 동일한 인격을 가지는 인격신의 설정이다.

"인격신이 필요한 이유는 일반적으로 인격적인 인간이 인격성 안에서 비로소 스스로가 되며 스스로를 발견하는 데 있다. 실체, 순수 정신, 단순한 이성은 인간을 만족시키지 못하며 인간에게 너무 추상적이다. 곧 그것들은 인간 자신을 표현하지 않으며 인간을 스스로에게 복귀시키지 않는다. 그러나 인간이 만족하며 행복해하는 것은 자기 자신에, 자기의 본질에 돌아와 있을 때뿐이다. 어떤 인간이 인간적이면 인간적일수록 그에게서는 인격신에 대한 욕망이 점점 더 강해진다."

제11절 섭리와 무로부터의 창조의 비밀

삼위일체의 실제적 주인공이고 로고스인 제2격 신이 세계 창조의 원리가 되는 사실은 이미 9절에서 살펴본 바와 같다. 이때 그리스도의 역할은 오성과 감성의 중개자라는 것이 핵심이었다. 이에 따르면, 창조는 신 안에 이미 들어 있던 것들이 경험적 세계의 대상으로 현실화되는 사건으로서, 동일한 본질이 형식을 바꾸는 것에 불과한 활동이다. 포이어바흐는 이제 이 창조를 의지의 산물로서 다시 고찰한다.

신의 의지 작용이라 할 수 있는, 말에 의한 창조는 당연히 신적 의지의 소산이다. 그리고 창조에서의 의지는 이성적 의지가 아니라 모든 제한에서 풀린 상상력의 의지다. 상상의 주체가 자신의 임의대로 하는 모든 생각이 관철된다는 의미에서의 창조는 주관적인 의지의 절대적 위력을 표현하는 일이다. 결국 인간은 신의 말을 통한 세계 창조라는 관념을 통해 인간 의지의 신성함과 위력을 신격화하고 있는 것이다. 그리고 이러한 자기 긍정의 최고 표현이 바로 무로부터의 창조다.

존재하지 않는 어떤 것, 즉 무로부터의 창조creatio ex nihilo는 바로 기독교적 창조의 정황이고 이것은 정확히 창조의 조건과 결과를 지시한다. 무로부터 나올 수 있는 것은 전적으로 무일 뿐이다. 그렇다면 무로부터 창조된 세계는 결국 무에 불과하다. 창조자를 설정하는 일이 세계의 실존을 보증할 것이라는 기대는 이렇게 무참히 깨지고 만다. 창조의 주체인 의지는 모든 자연의 필연성과 객관적인 규정들을 일거에 무효로 만드는 전능한 위력을 발휘한다. 엄밀히 말해서 세계 안에 존재하게 된 모든 것들은 존재의 시초에서부터 이미 무화되고 마는 실존인 것이다. 다시 말해 "무로부터의 세계 창조는 세계가 무라는 것 이상의 아무것도 의미하지 않는다."

무로부터의 창조는 물질과 세계를 부인하는 상상력의 원리다. 창조를 통해 드러난 세계의 실존은 완벽한 자의에 맡겨진 순간적이고 부동하는, 신뢰할 수 없는 무가치한 실존에 불과하다.

왜 이러한 세계 부정이 일어나는가? 우리가 신을 자기 충족적이고 무제한적인 주관성으로 표상하기 때문이다. 자기 자신을 사유와 향유의 대상으로 갖는 신은 스스로만으로 충분한 존재이고 세계를 필요로 하지 않는 존재다. 이것은 물질이 주는 시공의 제한과 필연성의 속박에서 풀려나고 싶은 인간의 소망이 반영된 것이다. 그러나 인간의 소망과 무관하게 세계와 물질은 외부에서 인간을 속박한다. 이 딜레마에서 빠져나오는 방법이 바로 세계를 의지의 산물로 만들고 자의적인 성격을 부여하는 일을 통해 가능해진다.

오직 상상력의 발휘만으로 모든 것을 가능하게 만드는 무로부터의 창조를 통해 실제로 드러나는 것은 상상하는 의지의 전능한 위력이다. 모든 자연적 법칙과 필연성과 인과를 뛰어넘어 임의대로 움직이는 전능한 신의 주관적 자의가 물질과 정신 모두를 만들어 내는 것이다. 그래서 창조는 첫 번째 기적이며 모든 기적의 전형이 된다. 자연에 없는 것, 자연의 법칙에 위배되는 것이 자연 안에서 나타나며 기적이 된다. 가나의 혼인 잔치에서 물이 포도주로 바뀌는 것, 발람의 당나귀가 인간의 말을 하는 것, 바위에서 물이 솟는 것 등이 성경에 기록된 기적의 예가 된다. 이러한 기적은 상상력의 작품이자 대상이고 섭리의 이념을 증명하는 것이다.

세계 안에서 섭리하는 신의 위력은 그의 의지가 만물에 휘두르는 무소불위의 위력, 즉 전능한 기적의 힘과 동일하다. 자연의 법칙을 폐기하는 섭리는 세계를 무로부터 불러 세우는 무제한적이고 전능한 의지이다.

섭리와 관련한 종교적 현상에서 우리가 주목해야 하는 것은 여기서도 주인공이 인간이라는 사실이다. 섭리가 자연의 법칙을 폐기하면서까지 영향을 끼치고 싶어 하는 곳은 인간적 영역이다. 자연 안의 섭리는 자연적 섭리일 뿐이고 아직 종교적 섭리가 아니다. 모든 종교적 섭리는 인간과 관계하는 것들이다. 그러한 점에서 종교적 섭리는 여타의 자연적 존재와 구별되는 인간만의 특권이다. 인간은 자기 실존의 무한한 가치를 극대화하여 확신하기 위해 자연적 사물의 진리를 포기하기에 이른다. 결국 무로부터의 창조와 기적, 섭리에 대한 믿음은 인간이 스스로의 가치에 대해서 갖는 믿음에 불과하다. 이때에도 신은 인간의 거울이라는 자신의 역할을 수행하고 있을 뿐이다.

"섭리에 대한 믿음은 결국 인간의 자기 자신에 대한 믿음이다. 신은 나를 걱정해 준다. 나의 행복, 나의 구원을 생각하고 있다. 신은 내가 행복해지기를 원한다. 나도 역시 똑같은 것을 원한다. 그러므로 나 자신의 관심은 신의 관심이며, 나 자신의 의지는 신의 의지이며, 나 자신의 궁극 목적은 신의 목적이며, 나에 대한 신의 사랑은 나의 신격화된 자기애에 불과하다."

무로부터의 창조와 섭리를 행하는 신의 의지에 대한 믿음은 창조의 대상인 외부 세계 전체를 무가치하고 허무한 것에 불과한 것으로 부인한다. 동시에 이 믿음은 세계와 구분되는 스스로의 현실성만을 확신하는, 자연적 규정과 제한으로부터 해방된 인간 의지의 신격화를 의미한다. 이러한 논의를 통해 포이어바흐가 강조하는 것은 창조, 섭리, 기적 등의 종교적 관념들이 지성적 대상이 아니라 감성적 관심의 대상이라는 것이다.

기독교적 창조에 있어서 그 핵심은 세계에 대한 범신론적이고 과학적인 증명이 아니라 "자연과 구별되는 인간적 본질의 자기 확증"에 불과하다는 것이 그의 생각이다. 애초부터 물질과 세계를 부정하는 원리인 무로부터의 창조라는 관념을 가지고 세계의 실존을 증명하는 것은 종교적 관심사가 아니다. 정말 중요한 것은 이것을 통해서 표현되는 인간의 중요성, 진리성, 무한성에 대한 확신일 뿐이다.

제12절 유대교에서 창조의 비밀

무로부터의 창조가 인간을 자연과 구분하는 자의적인 인간 의지의 신격화임을 보인 후에 포이어바흐는 이러한 생각이 철학적으로는 단지 천박한 공리주의와 이기주의를 옹호하는 이론적 허구이자 근거 없는 교설이라는 사실을 지적한다. 그는 이러한 사실을 그리스인과 유대인이 자연을 대하는 태도를 비교하면서 다음과 같이 정리하고 있다.

포이어바흐가 볼 때 자연을 인간의 의지와 욕구에 종속시키는 창조의 원리는 주관성의 원리일 뿐만 아니라 자신을 자연과 격리시킨 자가 자연을 객체로 만드는 이기주의의 원리다. 존재하는 것에 대한 경탄은 인간을 두 가지 방향으로 이끌 수 있다. 자연의 아름다움 앞에서 그 발생을 당연한 것으로 생각하고 자연의 산출력을 최고의 힘으로 인정하는 것이 그 첫 번째다. 그리고 존재하는 것 앞에서 그것의 존재 이유를 물어 창조주라는 생각에까지 이르는 것이 그 두 번째다. 각각의 방향을 체화한 대표적인 민족이 바로 그리스인과 유대인이다.

그리스인은 세계에 대해서 이론적이고 감성적인 사고방식을 취한다. 이들에게 자연은 스스로 생성된 것이고 전혀 불순한 것이 아니다. 그리스인에게 자연의 힘은 그 자신의 근거를 자신 안에 가지는 산출력이다. 그가 세계에 대해서 갖는 직관은 이론적이고 미적인 직관이며 그에게는 세계가 우주, 장엄, 신성의 개념으로 연결된다. 이들은 자신의 미적 직관 안에서 세계와 조화를 이루고 스스로의 관찰에 만족한 채, 자연에도 평화를 허용한다.

반면에 창조를 통해 자연을 설명하는 유대인은 자연 자체를 무로 간주하고 자연을 자신의 실천적 이기주의에 예속시킨다. 창조된 것은 발생한 것이 아니라 신의 의지가 내린 명령에 의해서 존재하는 것이다. 그리고 신의 섭리는 인간을 그 목적으로 한다. 이 인간의 목적은 상상력의 힘을 따르는 자의적인 것이며 스스로의 이익과 효용만을 꾀하기 마련이다. 그래서 공리주의와 효용이 유대교의 최상 원리이며, 여호와는 이스라엘의 이익만을 위해 활동하는 신이다. 그는 이스라엘 민족의 이기주의가 인격화된 신인 것이다.

포이어바흐는 그리스인이 자연과 우주에서 천상의 음악과 조화를 발견하는 것과 대조적으로 유대인들은 자연을 향해 위장이라는 감관만을 열어 놓았노라고 조롱한다. 자연이 그리스인들에게 이성과 정신을 인식하는 도구가 된다면, 유대인에게 자연은 착취의 대상이 된다. 같은 자연이라는 다이아몬드를 보고 그리스인이 영원한 자연의 법칙과 아름다움을 찾는 광물학자처럼 황홀해할 때, 유대인은 자신의 이익을 치밀하게 따지는 광물 거래상의 눈을 가지고 자연을 관찰한다. 예를 들어, 출애굽한 이스라엘 민족은 이집트에서 먹던 고기와 떡이 없다고 원망하여 만나와 메추라기를 얻는다. 아비의 집을 떠나 이방으로 향하는 야곱은 제단을 쌓고 자신에게 안전과 식량과 의복과 주거가 확보될 것을 기도한다. 모세와 함께 시내산에 오른 70인의 장로는 하나님을 보고서 먹고 마신다.

포이어바흐에 따르면, 유대인들은 최고의 존재를 목도하고도 식욕이 촉진될 만큼 그 특성을 여전히 유지한다. 그들의 신은 종교의 형식으로 나타나는 배타적인 이기주의의 인격화에 불과하다. 자신만을 단 하나의 목적으로 삼는 이기주의가 일신론의 형태로 나타나는 것은 당연한 일이다. 일신론적인 이기주의는 인간에게 확실하고 견고한 생활 원리를 주지만, 그것은 동시에 인간을 고루하게 만들고 자유로운 이론적 충동과 감각을 박탈한다. 이스라엘 민족에게서보다 그리스인에게서 과학과 예술이 발달한 것은 미와 선의 다양성에 열려 있는 그리스인들의 다신론적인 세계 감각 때문이다.

"그리스인은 자신의 시야를 넓히기 위해 넓은 세계를 돌아보았다. 유대인은 오늘날도 예루살렘으로 얼굴을 돌려 기도한다."

예루살렘에 무엇이 있는가? 그들의 신이 거처하는 성전이 거기에 있다. 그 신은 이스라엘이 자기 존재의 신성함과 필연성에 관해서 가지고 있는 의식이다. 철학의 대상이기에는 너무조야하고 배타적인 이기주의의 필연성이 대상화된 여호와는그리스인의 이론적 자연관을 넘어서서 전적으로 실천적인 사고로 이스라엘을 이끈다. 그 신은 현실 속의 목적과 상상 속의목적 사이에 생기는 균열을 단순한 의지를 통해 말씀으로 제거하는 마술적인 위력을 가진 신이다.

제13절 심정의 전능 또는 기도의 비밀

유대인의 종교 의식에 부착되어 있는 특수한 국가의 이익이라는 한계를 제거하면 기독교가 나타난다. 종교에서는 하찮은것들에게도 중요한 의미가 부여된다는 사실을 염두에 두면, 모든 개혁과 정화가 근본적인 변화를 야기한다는 사실도 쉽게 이해가 된다. 그래서 배타적인 국가 이익이라는 한계에서 해방된 기독교는 유대교와는 다른 완전히 새로운 종교가 된다.

두 종교 사이의 태생적 유사성에도 불구하고 드러나는 가장 큰 차이는 기독교가 협소한 이스라엘인이 위치했던 자리에서 인간을 발견한다는 점이다. 유대 민족이 그들의 신인 여호와 안에서 정치적인 이스라엘 민족의 본질을 대상화하는 것처럼, 기독교인은 그들의 편협한 민족주의적 시각에서 해방되어 특수한 민족이나 국가의 성원이 아닌 인간 일반의 주관적인 본질을 종교의 대상으로 삼는다. 유대인이 생존의 필요와 욕구를 세계를 관찰하는 유일한 관점으로 만들고 이 욕구를 마음에서라도 관철시키기 위해 자신들의 집단 이기주의를 신격화한 것처럼, 기독교는 인간 마음의 욕구를, 세계를 주관적이고 자의적으로 섭리하는 절대적인 위력과 법칙으로 만든다.

그 결과, 유대교에서 기독교로의 종교적인 발전에 있어서 바뀐 것은 기적의 대상이다. 유대 민족의 배타적인 행복이 유대 종교가 가지는 기적의 대상이었다면, 이제 기독교인이라는 단서가 붙기는 하지만 인간의 행복이 기독교적 기적의 대상이 된다. 유대교의 실천적 이기주의가 지상의 행복을 추구했던 반면, 기독교적 행복은 지상이 아니라 천상에 놓여 있다는 것도 큰 변화의 하나다.

정치 공동체였던 유대 민족의 신은 유대인들이 법률(율법)에 대해 가지는 절대적이고 신적인 힘에 대한 의식이 대상화된 것이다. 반면에 정치와 세속적 이기심에서 해방된 기독교의 신은 인간 심성에서 최고의 자기 긍정과 확신을 나타내는 개념인 사랑을 그 본질로 갖는다. 기독교의 신은 인간의 소망과 마음의 욕구를 확실히 만족시켜 주는 사랑이다. 즉 신은 그 소망의 성취가 완벽한 타당성과 확실성에까지 오른 사랑 그 자체다.

"'신은 사랑이다'라는 말은 … 인간 심정의 내적 소망이 무조건적 타당성과 진리성을 가지고 있다는 확실성을 표현하는 말이며, 인간의 마음에는 어떤 제한, 어떤 대립물도 존재하지 않는다는 확실성을 표현하는 말이다. 또 그것은 '모든 장엄과 화려함을 갖고 있는 전 세계도 인간적인 심정에 대해서는 무'라는 확실성을 표현하는 말이다."

개별적 인간이 가지는 시공간의 필연적인 제한에서 벗어난 순수한 인간 마음의 본질이 대상화된 것이 기독교의 신이다.

이 신은 인간의 고통에 무심한 자연과 달리 인간의 고통에 세심히 관심을 가지고 귀를 기울이는 신이다.

인간의 마음이 외화된 신이 인간의 고통에 귀 기울이는 것은 당연한 일이다. 즉, "신이란 인간의 불행에 대해 마음 깊숙한 곳에서 흘리는 사랑의 눈물"이다. 그래서 인간은 누구에게도 털어놓지 못할 비밀을 자신의 마음 앞에서 고백하고 고통을 적나라하게 호소하며 위로받는 것이다.

인간이 은밀한 가운데 신과 나누는 이 대화가 바로 기도다. 모든 기도가 육화Incarnation라는 것을 이미 살펴본 우리는 기도라는 이 단순한 행위에서도 종교의 인간학적 비밀이 드러나고 있는 것을 본다. 독일인들은 기도를 할 때 신을 너Du라고 호칭한다. 포이어바흐는 이 사실에서 신이 인간의 또 다른 자아anderes Ich로 선언되고 있다는 사실을 읽어 낸다.

한국어의 존댓말은 공경을 의미하고 상하로 구별되는 위계질서를 드러낸다. 반면에 독일어의 경어敬語는 거리감과 예의 바름의 표시다. 예를 들어 스승과 제자처럼 격식을 따져야 하는 사이에서는 경어인 '당신Sie'이 사용된다. 반면에 사회적 거리가 밀접한 부모와 자식의 사이에는 친근함과 가까움의 표현인 '너Du'라는 단어가 사용된다. 즉 독일어의 평어는 가족과 친구처럼 아주 가깝고 친밀한 사이에서만 사용되는 언어인 것이다. 그래서 독일인이 자신의 고통을 털어놓고 탄원하는 기도의 대상인 신을 너라는 평칭으로 부른다는 사실은 신이야말로 인간의 마음이 가장 가깝고 친밀하게 느끼는 존재라는 사실에 대한 증거다. 기도하는 자는 신 앞에서 자신의 고통과 비밀을 남김없이 드러내고 자신의 탄원이 이루어질 것을 확신한다. 이러한 점에서 기도는 "그것이 실현될 것이라는 신뢰 속에서 표현된 마음의 소원"이다.

인과와 필연성을 통해서 세계를 바라보는 자는 기도하지 않고 욕구의 실현을 위해서 합리적으로 노동할 뿐이다. 그러나 기도하는 자는 자신의 개인적인 고민들을, 세계에 절대적인 위력을 행사하고 자연법칙과 상관없이 기적을 행하는 신의 관심사로 만든다.

기도하는 자가 기도 중에 받는 위안은 자신의 소원에 한계가 있다는 사실을 망각하는 데에서 발생한다. 인간의 마음의 소원이 신을 통해서 무조건적으로 승낙된다고 믿으며 행하는 청원이 바로 기도다. 이때 신은 자연의 필연적인 제한에서 벗어난 순수한 인간 마음이 대상화된 것이다. 그래서 기도하면서 인간은 탄원하는 자와 탄원을 듣고 이루는 자, 둘로 분할된다.

자신의 마음을 대상화하는 기도를 통해 인간은 자신을 압박하는 것들을 자신의 마음 앞에 토설하며 정신을 집중하여 자신과 관계한다. 그러는 한 기도는 도덕적인 힘을 가진다. 기도가 사용하는 도구는 청원이고 청원은 사랑의 언어다. 전능하고 친밀한 아버지 앞에서 토로되는 사랑하는 자의 소원은 암시만으로도 이루어진다. 모든 것을 이루는 이 신의 전능 역시 마음의 본질에 불과하다. 감정만이 존재해야 하고 어떤 것도 자신의 마음에 모순되는 것이 없기를 바라는 인간의 마음이 그것이다.

"전능이 하는 일이란 마음의 가장 깊은 의지를 집행하고 실현하는 것이다. 기도 속에서 인간은 자비의 전능에 의지한다. 그것은 결국, 기도 속에서 인간은 자기 자신의 마음을 향해 기도하며 자기 마음의 본질을 최고의 신적 본질로 직관한다는 것을 의미할 뿐이다."

제14절 신앙의 비밀 — 기적의 비밀

제한에서 벗어난 인간 마음이 그 성취를 확신하는 가운데 청원의 형태로 표현되는 것인 기도는 기본적으로 기적에 대한 믿음이며 이것은 신앙 일반의 본질과 동일하다. 신앙이라는 것은 기적에 대한 믿음이기에, 신에 대한 믿음과 기적에 대한 믿음은 동일한 것이다.

기적은 신앙의 결과가 현실로 드러나는 것이다. 자의적 주관성이 절대화된 신을 믿는 일, 즉 신앙에 불가능한 것이 있을 까닭이 없다. 마음이 소망하는 모든 것이 자연적 인과와 필연을 거슬러 다 이루어진다는 점에서 신앙은 전능한 것이다. 이 전능을 현실화해 내는 일이 바로 기적의 임무다. 기적이란 신앙의 능력이 감성적으로 드러난 것이다.

신앙은 그래서 자연에 대한 마음의 절대적인 자의와 무제한성, 즉 초자연성을 본질로 갖는다. 신앙이 인간을 행복하게 만드는 이유는 그것이 자연과 이성이 불가능한 것으로 여겨 부인하는 것을 시인하고, 이를 통해 인간의 주관적인 소원을 충족시키기 때문이다. 주관의 절대성이 신적인 것으로 대상화되는 신앙에는 이성의 원리인 합리성과 의심이 자리하지 못한다. 신앙은 모든 것을 가능하다고 느끼고 소원하는 인간의 마음이 대상화된 전능한 신을 믿는 것이다. 따라서 신에 대한 믿음은 결국 인간 스스로의 전지전능한 신성을 믿는 것이다.

"신이 그대를 위해 존재한다는 것을 믿는다면 그대는 아무것도 그대에게 반대하거나 반대할 수 없으며 아무것도 그대를 거스르지 않음을 믿는 것이다. 아무것도 그대에게 반대하지 않으며 반대할 수 없다는 것을 믿으면 그대가 바로 신이라는 것 이외의 무엇을 믿는 것이 되는가?"

마음이 소망하는 자의적 절대성을 자신의 외부에 있는 독자적인 대상인 신으로 설정한 종교적 무의식의 베일 뒤에서 드러나는 것은 신의 본질이 인간의 본질과 동일한 것이라는 인간학적 사실이다. 믿는 자와 믿음의 대상이 되는 자가 서로의 소원과 전능을 확인하는 자기 동일적인 원환 구조로 돼 있는 신앙이라는 현상이 이러한 사실을 다시 한번 증명한다. 신앙은 인간이 자신의 주관적 본질에 대해 가지는 무제한적인 자기 확신에 불과하다. 포이어바흐는 이 대목에서 "전능한 신을 믿는 자 스스로가 신이며 자신 안의 신성의 창조자"라는 루터의 고백을 인용하고 있다.

제한되지 않은 주관성의 욕구를 긍정하는 신앙의 세계에서는 인과와 필연의 법칙으로 움직이는 자연적인 세계가 의미를 잃는다. 이는 "신앙이 인간 안에 떠오르면 세계가 침몰한다"라는 문장으로 요약된다. 이러한 결론은 이미 무로부터의 창조라는 관념을 통해서 세계의 무의미함과 허무함을 살펴본 우리에게 당연한 것이다. 인간의 소원과 욕망에 제한과 모순으로 드러나는 세계는 이 소원의 무조건적인 성취를 확신하는 신앙인에게는 없어져야 마땅한 것이다. 그래서 실재 세계의 몰락, 세계 종말에 대한 믿음은 기독교 신앙의 가장 내면적인 본질을 나타내는 현상이다. 기독교는 본질적으로 세계 부정적인 종교다.

자연의 법칙과 실재하는 세계의 필연성을 뛰어넘어 초자연적인 소원들이 실현되는 현상으로서 기적은 신앙의 본질적인 내용이 된다. 불사와 영생 같은 것들을 제외하고, 인간이 소망하는 대부분의 것들은 자연 안에서도 성취되는 것들이다. 그러나 신앙에 입각한 인간의 소원은 그 소원이 성취되는 방식이 초자연적이기를 바라는 순간 모두 초자연적인 소원이 된다.

　기적을 기적이 되게 만드는 것, 즉 기적의 비밀은 기적을 통해 산출되는 내용과 결과가 아니라, 그 내용과 결과가 산출되는 방식에 있다. 아픈 사람이 병을 극복하고 건강해지는 것은 자연에서도 늘 일어나는 일이다. 그러나 그가 순식간에 단순한 명령에 의해서 건강해지는 것은 기적이다. 기적의 내용, 즉 기적을 통해 발생하는 산출물이나 결과는 대부분 이미 인간에게 알려져 있던 자연적이고 감성적인 것이다. 단지 그 활동의 형태와 방식이 초자연적이고 초감성적으로 일어날 때 그것이 바로 기적이 된다. 이러한 활동은 상상력의 활동일 뿐이고, 기적의 힘은 상상력의 힘에 불과하다.

　기분 좋은 상상의 산물인 기적은 마음에서 생기고 마음에 호소한다. 인간을 주관성으로부터 들어 올려 엄정한 객관의 세계를 직관하게 하는 교양과 학문은 마음이 다루는 영역이 아니다. 초기 기독교의 사도들이 학문적 인간들이 아니라, 모두 자신의 마음 안에서만 살아가던 평민들이었다는 사실은 자신과 세계를 법칙에 의해 이해하고 제한하는 고전적인 학문과 교양의 정신이 기독교의 전통과 거리가 멀다는 사실을 방증한다.

객관적 세계의 원리와 무관하게 자신의 마음 안에서만 살아가는 이들에게 상상력은 자의적 활동이 아닌 직접적인 활동이 될 수 있다. 그리고 상상력이 만들어 내는 기적의 세계는 이들에게 실재성의 무게를 넘어설 수 있게 해 준다. 그렇지만 이제 오성의 밝은 빛 안에서 해부되는 기적은 "마음의 모든 소원을 모순 없이 충족시키는 환상의 마력을 표현하는 것" 이상이 될 수 없다.

제15절 부활과 초자연적 탄생의 비밀

인간이 가지는 자기 보존의 욕구는 자연스러운 일이다. 존재하는 모든 것은 필연적으로 자신을 긍정하고 자기를 주장하며 자기를 사랑하기 마련이다. 그래서 인간은 행복한 상태에서 영생하려는 소원을 품는다.

이 자연적인 소원이 최초의 소극적인 소원이라면, 시민적이고 정치적인 인간이 생활의 압박 아래에서 품게 되는 저세상에서의 더 나은 삶에 대한 소원은 적극적인 소원이라 할 수 있을 것이다. 이 적극적인 소원은 부활에 대한 생각으로 표현된다.

죽음 후에도 보장되는 내 인격의 영원성에 대한 생각이 바로 그것이다.

그러나 이것은 이성을 통해서는 확보될 수 없는 생각이다. 여기에는 확실성을 바라는 종교적 감수성을 충족시키기 위한 직접적이고 확실한 증거가 요청된다. 그리스도의 부활이 바로 그것이다. 그리스도의 부활은 그를 따르는 모든 사람들의 부활과 인격적 불멸에 대한 모범과 보증이 된다. 물론, 그리스도의 부활 뒤에 모두가 부활한 것은 아니다. 그러나 그의 부활에 대한 믿음은 인격의 불멸을 확신하고 싶은 인간의 요구를 만족시킨다.

자연 안에는 인간에게 혐오스럽고 불쾌한 것들도 많이 발견된다. 이성적이고 객관적인 인간은 이것들을 자연의 불가피한 귀결로 이해하고 자신의 불쾌한 감정을 다스릴 줄 안다. 그러나 심정과 상상력의 위력 안에서 살아가는 종교적인 인간은 자연 안의 혐오스럽고 불쾌한 것들이 극복되기를 원한다. 이때, 그가 선택하는 극복의 방법이자 소원 성취의 방법은 부분적인 취사선택이다. 자연에서 나타나는 동일한 사태에서 그의 마음에 드는 것은 받아들이고, 심정을 해치는 것은 존재하지 않는 것으로 배제하는 것이다.

기독교적 세계 이해의 시초와 종말을 구성하는 사태들에도 이러한 설명은 들어맞는다. 그리스도의 부활이 인격의 불멸을 소원하는 인간의 감성을 충족시킨 것과 마찬가지로, 그리스도의 탄생 역시 종교적 인간의 자연적 감성에 거슬리는 요소를 가지고 있어서는 안 되는 것이다.

순진무구한 처녀와 어머니는 모두 인간의 자연적 감성과 마음에 호소하는 존재들이다. 처녀는 결혼하여 남자를 알고 어머니가 된다. 이 과정에서 종교적 감성이 취사선택한 결과가 바로 출산의 과정 없이 이미 아이를 안고 있는 어머니, 동정녀 마리아다. 순결과 처녀성이라는 인간 최고의 명예로운 도덕 감정과 자비로운 모성애라는 배타적인 두 감정을 하나로 묶은 것이 바로 그리스도의 초자연적인 수태와 탄생의 비밀이다.

이처럼 그리스도의 탄생과 부활이라는 두 종교적 사건에는 동일한 종교의 논리가 담겨 있다. 바로 무제한적인 인간 심성의 자의적인 요구가 기적을 통해 충족되고 있는 것이다. 종교적 인간의 마음이 허용하고 싶지 않은 두 가지 자연적이고 필연적인 생명의 과정, 즉 생식과 죽음이 기적의 힘을 통해서 지양된다.

제16절 기독교적 그리스도 또는 인격신의 비밀

삼위일체 교리의 실질적인 주인공이자 기독교의 실제적인 경배의 대상이 되는 신은 바로 제2격 신인 그리스도다. 그는 인간에 대한 신의 극진한 사랑의 표현인 육화를 통해 세상에 와서 인간을 사랑하다 고통당하여 죽었고, 이내 부활해 성화된 육신을 가진 채 하늘에 올라가 아버지 신의 오른편에 앉아 있는 신이다. 그리스도가 인간이 경배하는 실제적인 신인 이유는 그가 인간 심정의 수동적이고 감성적인 본성에 부합하기 때문이다.

마음의 상상력은 현실의 의식을 뒤집어 꾸는 백일몽과 같은 것이다. 이 인간 마음의 꿈인 종교에서 마음을 지배하는 최고의 법은 자신의 의지와 행위가 순간적이고 동시에 일어나게 하는 일이다. 즉 마음의 소원과 현실의 직접적인 통일이 신앙의 핵심이 된다. 이 마음의 법을 집행하는 마음의 주인이 바로 인간이 된 그리스도, 구세주다. 그가 세상에서 행한 모든 기적은 바로 의지와 행위의 통일, 소원과 현실의 통일을 선포하고 드러내는 것에 집중되어 있다.

그리스도는 구약을 지배하던 율법과 다르다. 율법은 법의 지배를 따라야 하는 인간들의 능력과 수행 방법에 관심이 없다. 율법은 단지 인간에게 옳고 그름의 기준을 제시하고 명령할 뿐이다. 율법은 철저하게 인간의 오성에게만 말을 거는 권위다. 감성적인 인간에게 이것을 수행하는 힘을 함께 주지는 않으면서 인간 행위의 시시비비를 판단하는 엄정하고 잔인한 정의의 빛이 바로 율법이다.

그러나 그리스도는 율법의 완성자다. 그는 스스로 율법의 내용을 숙지하고 이를 철저하게 수행하는 자다. 그래서 법이 원하고 기준으로 제시하는 모든 것을 지키고 행하는 그리스도 앞에서 법은 무색해진다. 그는 실행을 통해서 법의 효력이 끝났음을 선포하는 살아 있는 참된 율법이다.

무자비한 법과 달리 그는 인간의 감성에 말을 건다. 그는 "부드러운 멍에를 가진 새로운 율법"이다. 모든 것에 모범이 되는 그리스도는 사랑과 경탄의 대상이 된다. 그리고 무엇보다 인간의 죄를 면제해 준다. 그는 이 일을 위해 고통을 당하고 죽음까지도 불사할 만큼 인간을 사랑하는 신이다. 그래서 기독교인들에게 그리스도는 고대인들이 가시화된 완벽한 덕을 상상하며 그 덕에게 부여했던 것들과 같은 역할을 수행한다. 그리스도는 자신의 완벽함과 아름다움 자체만으로 모든 사람의 마음을 빼앗고 감동시킨다.

육화된 그리스도는 오성이 대상화된 아버지 신에 비교할 때 인간의 감성에 완벽한 만족을 주는 신이다. 추상적으로 느껴지는 멀리 있는 신이 이제 인간과 같은 성정을 가진, 볼 수 있고 만질 수 있는 인격적인 신으로 인간의 세계에 온 것이다. 마음은 이제야 스스로를 확신하고 자신의 본질이 갖는 신성에 대해서 의심하지 않는다.

아버지 신 앞에서의 마음이 자신의 소원에 대한 정당성을 의심하면서 탄식만 하고 있었다면, 이제 마음은 그리스도를 통해서 완벽한 신뢰와 안심을 얻는다. 인간을 압박하던 현실적이고 도덕적인 모든 제한과 고뇌를 해결하고 용서해 주는 인격적으로 알려진 그리스도야말로 현실적 인간이 종교 의식의 대상으로 삼을 수 있는 신이다. 종교의 목표는 인간 본질 자체가 대상화된 신이 가시화되어 현실적인 존재로서 의식의 대상이 되는

것이다. 그리고 기독교는 육화된 그리스도에게서 이것을 실현
해 낸다.

"그리스도에서 비로소 종교의 궁극적 소원이 실현되며 종교적
심정의 비밀이 종교에 특유한 상징적인 언어로서 풀린다. 왜냐
하면 본질로 존재하는 신이 그리스도에서 현상으로 나타나기 때
문이다."

그리스도의 육화로 드러난 신의 인격성이 지속적이고 배타
적으로 한 명의 역사적 인물에게 집중된다는 사실은 종교적 인
간의 마음을 믿음으로 강제한다. 자신의 자의적이고 무제한한
소원을 신으로서 대상화하는 마음이 만족을 얻기까지 그리워
하는 것이 바로 살과 피를 가진 인격신이다. 그런데 그 인격신
이 역사적인 신으로 나타나고 옆구리에서 흐르는 피를 증거로
자신의 현실성을 증명한 것이다. 게다가 그리스도는 고통받는
신이다. 그가 인간과 마찬가지로 고통받는다는 사실이야말로
그가 가진 현실성의 궁극적인 표현이 된다.
　인간 마음의 자의적 주관성이 절대화된 신이 인간처럼 고통

받는 인격신이라는 사실은 그리스도가 인간 마음의 참된 곤궁이라는 사실의 다른 표현이다. 신앙의 결과가 현실로 드러난 기독교에서 그 기적의 기원은 곤궁한 마음이다. 그리고 곤궁은 심정에 호소할 줄 안다. 그래서 그리스도의 기적들은 심정에게 불가항력적인 힘을 가진다. 포이어바흐가 지적하는 것처럼 세계의 주인인 그리스도가 자연에 침묵을 명하는 유일한 이유는 그가 곤궁에 괴로워하는 인간들의 탄식을 듣기 위해서다.

제17절 기독교와 이교의 차이

기독교가 인간의 본질 자체가 현상으로 나타난 구세주를 가졌다는 사실은 기독교와 이교를 본질적으로 나누는 지점이다. 자연의 필연성과 인과의 법칙에서 해방된 주관적 마음이 인격신으로 절대화된 것이 그리스도다. 구세주라는 관념에서 자연은 배제되고 인간은 자신의 마음에만 집중하여 저항 없이 마음의 소원을 이룬다. 실로 오성에 대한 상상력의 승리이자 마음의 부활 축제라 할 수 있는 것이 그리스도의 관념이다.

또한, 구세주의 관념 속 기독교인은 세계와 자신의 관계에서 세계를 배제시키고 자기 자신을 세계 외적이고 초세계적인 존재로 만든다. 마음의 소원에 제한으로 작용하는 자연을 부정하고 외적 세계와의 연관을 허물면서 기독교인은 스스로를 제한되지 않은 존재로 생각하는 것이다.

반면에 이교도는 인간이 가진 이성과 지성에 대한 찬양 안에서 정신이 향하는 대상인 물질과 자연 역시 인정한다. 그렇게 이교도는 정신의 세계와 물질의 세계를 하나의 전체로 인정하고, 객관적인 법칙이 지배하는 자연의 세계와 주관적 세계의 조화를 추구해 왔다. 이것은 자유로운 학문과 교양을 가능하게 만든 자유롭고 관대한 세계관이다.

그러나 기독교도는 실천적인 이기주의를 드러내 주관성의 대립물인 세계를 부정하는 것으로 주관적 삶의 안전과 영속을 꿈꾼다. 자연에 대한 객관적인 긍정과 부정으로 대립되는 이들의 차이에서 기독교인이 선택한 세계관은 삶에 궁핍한 자의 논리다. 그는 왜소한 자신 안으로만 움츠리며 세계의 실상을 외면한다.

이러한 편벽한 시선을 통해 기독교인은 자연으로부터 해방되었으나, 이 해방은 참된 해방이 아니라 상상력과 기적에 의해서만 유지되는 가상의 해방일 뿐이다. 우주가 고대인을 놀라움과 호기심으로 이끌고 자기를 망각하는 학문으로 이끌었다면, 기독교인의 주관적 절대주의는 세계의 멸시와 부정으로 이어진다.

고대인은 인간을 고찰할 때, 인간이 속한 공동체와의 연관을 중요하게 여겼다. 공동체와 인간은 심지어 대우주와 소우주에 비교돼 동일한 구조를 가지고 있는 것으로 여겨졌다. 그들은 개체로서의 인간을 유와 공동체의 개념을 통해 매개된 것으로 보았다. 따라서 고대인들에게 개체로서의 인간은 한계를 가지지만 유적 존재로서의 인간은 무한하고 숭고한 이상으로 남는다. 그리고 이 지점이 바로 이교와 기독교의 차이가 극명해지는 곳이다.

이교도는 유를 위해 개체를 희생했고, 기독교도는 개체의 절대화를 위해 유를 희생했다. 기독교도는 모든 매개를 건너뛰어 기적적인 섭리를 행하는 보편적인 존재의 관념을 개별적 존재의 관념과 직접적이고 무차별적으로 일치시켰다. 개별자가 가지는 고통스러운 제한으로부터 상상의 힘을 통해 해방된 절대적인 존재를 직관해 낸 것이 기독교의 신 개념이다. 이 신은 그래서 한 개체에게로 집중된 유의 개념이다.

개인의 한계를 유적 인간인 인류의 무한하고 숭고한 한계로 직시하고 극복해 가는 이교도와 달리, 기독교인은 개체의 주관적인 절대성을 만족시키려는 목적에서 초월적인 개체에 유의 특성들을 부여해 신으로 대상화한다. 그러니까 기독교의 신은 이상으로 남지 않고 직접 현실화된 유의 이념이다. 유와 개체의 통일, 보편성과 본질성의 한 인격적 존재로의 집중, 이것이 종교인의 마음에 부합하고 그들의 상상을 매혹하는 그리스도의 신성 관념이다.

인류의 원형이자 도덕적 완전성의 핵심이며 무죄한 유적 인간이 그리스도다. 그러나 그는 인류의 총체성이 아니라 하나의 인격체로 직관된다. 그리스도를 통해 나타나는 유와 개체의 직접적 통일은 이성과 자연의 법칙으로는 설명될 수 없는 것이고 오직 상상력을 통해서만 달성된다. 그래서 보편적이고 이상적인 개체인 그리스도는 인격신이면서 초자연적이고, 천상적이며 기적적인 존재다.

원죄 역시 기독교와 이교의 차이를 드러내는 전형적인 기독교적 관념이다. 한 인간의 죄가 모든 인간 일반에게서 동일하게 계속된다는 생각이 그것이다. 아담의 죄는 인류 전체의 죄로 유전된다. 한편 고대인들에게 개별 인간의 한계는 공동체 안에서 상호 보완적으로 극복된다. 물리적 영역에서 지적 영역을 넘어 도덕적인 영역에 이르기까지 인간의 상호 보완은 계속된다. 이렇듯 전체 안에서 결합될 때에만 인간의 이념이 완성된다는 생각은 고대인에게 우정과 사랑과 공동체를 행복의 조건으로 만든다. 그러나 타인에 대한 관심보다는 자신의 소원이 절대적이고 초자연적으로 성취되기를 희망하는 종교인은 자의와 허구에서 벗어나지 못한다.

한 인간의 한계와 잘못이 공동체 안에서 교제와 사회적 조정을 통해 교정되고 개선된다는 생각은 인간을 넉넉하게 만든다. 인류의 이념 안에 들어 있는 유적 무한성과 완전성이라는 본질도 개체의 다양성을 통해서 실현된다. 인간의 본질이 풍요하다는 사실이 실재 공동체 안의 다양한 개인들을 통해서 드러난다. 또한, 인류라는 유적 이념을 이해하는 사람은 한 사람의 타인을 통해서도 인류를 느낀다. 언어, 도덕, 법, 예의, 진리가 의식되는 모든 곳에서 인간은 나와 질적으로 다르면서도 인류를 대표하는 타인을 만난다.

반면에 죄가 일반화되는 곳, 동일한 죄가 모든 인간에게 보편적으로 들어 있다고 생각되는 곳에서는 죄와 관련해 모두가 절대적으로 평등하고, 유와 개체 사이에 아무런 구별도 존재하지 않게 된다. 죄가 원죄의 개념으로 일반화되는 곳에서는 어떤 인간도 스스로와 본질적으로 아무런 질적인 차이를 보이지 않는 타인을 필요로 하지 않고, 모두가 자기 자신의 절대성만을 본다. 유와 개체 사이에 아무런 차이를 두지 않는 의식의 상태는 원죄에 대한 비탄이 유행할 수 있는 토양이 된다. 개체와 유가 구분되지 않기에 개체는 자신의 죄를 유의 죄이자 인류의 죄로 만든다.

제18절 독신 생활과 수도원 생활의 기독교적 의미

개체와 유의 차이가 지워진 인격신 안에서 인간 마음의 자의적 절대성이 종교적 대상이 되는 곳에서는 객관적 진리의 추구와 교양의 욕구가 사라진다. 인간이 자신과 신 안에 모든 것을 가지고 더 이상의 세계 연관을 필요로 하지 않기 때문이다. 종교적 인간은 인류의 대변자로서의 타인을 통해서 스스로의 개체적 결함과 한계를 개선하겠다는 욕구를 품지 않은 채 가상의 자족적인 세계 안으로 몰입한다. 그는 자신의 욕망을 초자연적인 방식으로 완벽하게 충족시키는 신 안에 이미 유적 인간의 완성태를 가지고 있기 때문이다.

그러나 이 신은 제한에서 풀린 인간 마음이 대상화된 것이라서 그의 종교적 생활은 자신을 마주할 뿐이다. 이 자족적인 원환적 자기 귀속 행위 안에서 종교인은 타자와 세계를 필요로 하지 않는다. 신을 통한 영혼의 구원만을 목표로 하는 종교인에게는 신의 찬미와 신의 명성의 확산을 꾀하는 인간적 관계 외의 어떠한 세속적인 관계도 중요하지 않다. 그래서 자발적인 독신 생활과 수도원 생활은 물질과 세계와 유적 생활로부터 결별하려는 기독교의 목표가 감성적인 방식으로 실현된 것이다.

구원의 결과로 기독교인에게 사후에 약속되는 천국은 결과적으로 세계의 허무함과 무가치성을 드러낼 뿐이다. 주어질 천국에 대한 믿음은 무상한 세계에 대한 기피와 부정으로 연결된다. 이러한 정신적 태도가 외면적으로 표현된 것이 자발적인 금욕 생활과 수도원 생활이다.

기독교인에게 약속된 천국으로 가는 길의 입구는 죽음을 통해 마련된다. 그래서 죽음은 기독교적 행복과 도덕의 완성을 이루는 조건이 된다. 그래서 금욕과 고행과 도덕적 죽음은 기독교인이 세상에서 선취하는 천국 생활의 방식이 된다.

사도는 날마다 죽음을 마주하고 있다고 고백한다. 자연적인 성의 차이와 욕구를 인정하는 결혼은 사랑의 종교가 유약한 감성적 인간들에게 한 사람의 이성과만을 전제로 허용하는 악습일 뿐이다. 형사취수제兄死娶嫂制를 통해 7형제와 순차적으로 결혼했다 죽은 여자가 천국에서 누구의 아내여야 하는지를 묻는 사두개인에게 예수는 천국에서는 결혼이 없고 인간은 천사와 같아지노라고 대답한다. 기독교인의 목표이자 영원한 참생활의 장인 천국에서는 현세적인 성적 사랑의 원리가 배제되는 것이다. 순결한 처녀를 통해 세상에 온 그리스도의 초자연적인 혈통이 이미 이러한 사실을 증거하고 있다.

천국에 없는 것을 지상에서 추구하는 것은 어리석은 짓이다. 독신은 이미 지상에서 천사의 삶을 선취하는 것이다. 게다가 기독교의 인격신에 대한 사랑은 이미 인격적이고 배타적이고 질투심이 많은 사랑이다. 따라서 영원한 신에 대한 사랑과 사멸하는 인간에 대한 사랑은 병립할 수 없는 것이다.

아직 세상에 있는 기독교도도 성욕을 느끼지만 그에게 이러한 욕구는 비천하고 경멸스러운 자연적인 욕구일 뿐이므로 억압해야 마땅한 것이다. 인간 마음의 보물 상자인 천국은 종교인의 가치판단을 통해 진실하고 아름답고 가치 있는 당위의 것들만을 보관한다. 그리고 거기에 지상적 제한을 가지는 것들은 없다. 성적 욕망은 지상적 제한을 갖는 대표적인 것으로 천국에서 배제된다.

제19절 기독교적 천상 또는 인격의 불멸성

자신을 유적 인간인 인류의 성원으로 이해하는 사람은 성적 규정이 자신의 가장 내적 본질을 규정한다는 것을 아는 사람이다. 성적 규정성은 인간의 지각과 의지와 사유를 근본적으로 규정한다. 자연의 힘을 인정하고 살아가는 그에게 성적 규정성은 윤리적이고 정신적인 규정성처럼 자신의 본질을 구성하는 것이다.

그의 노동이 자신과 균열된 것이 아니라는 전제하에, 그는 자신의 개별적 한계와 제한에도 불구하고 자신의 삶과 행위를 사랑하고 긍정하는 자다. 그는 자신의 개별적 삶의 목적을 실현시키는 구체적인 활동을 통해서 자신의 삶을 긍정하는 것과 동시에 보편적인 인간, 즉 인류의 이익을 함께 추구하는 자다.

그가 자신의 삶을 유지하고 개선하기 위해서 타인에게 의지하듯이, 그의 개별적 활동과 목적의 추구는 공적인 인간의 복지와 이익에 도움이 된다. 이러한 사실을 인식하며 인간은 전체로서의 인간의 이념 속에서 자신의 완전함과 불멸의 관념에 이른다. 그가 삶에서 가지는 신념은 자신이 스스로뿐 아니라 전 인류를 위해서 태어났다는 것이다.

이와 다른 형태의 불멸에 대한 생각은 개별적 인간의 불멸성에 대한 종교적 관념이다. 죽은 후에 약속된 천국에서 누리는 영원한 삶에 대한 생각이 바로 인격의 불멸성에 대한 믿음의 내용이다.

유적 속성들을 독립적인 한 개체에 부여하여 신으로 대상화한 것이 기독교의 신이다. 제한되지 않은 인격성인 신의 개념을 통해 기독교인은 자신이 절대적 존재라는 것을, 그래서 불멸의 존재라는 것을 믿고 보증받는다.

신은 아직 오지 않은 미래의 천상 생활을 보증하는 현재적인 존재다. 이때, 죽은 후 천국에서 불멸하는 자신의 삶에 대한 믿음은 인격신의 존재에 대한 믿음과 동일한 것이다. 이 두 가지 믿음 모두 절대적이고 제한되지 않은 인격성의 본질을 표현할 뿐이다.

천상의 불멸하는 인격성은 모든 지상적 고난과 제한으로부터 자유로운 인격성이다. 천국에서 상상력의 대상이 되고 감성적으로 채색되어 전개되는 것들이 신에게서는 추상적인 기획이나 개념적인 것으로 설정된다는 양태의 차이만이 있을 뿐이다.

축복된 천국 생활의 개념이 이상적인 하나의 인격성으로 대상화된 것이 신이다. 마음의 모든 소망을 실현시키고 영원한 행복을 가능하게 하는 힘이 바로 신이다. 신의 개념과 천국의 개념은 동일한 내용을 갖는다. 펼쳐진 신이 바로 천국이 된다.

인격의 불멸에 대한 통속적인 증명 안에도 신적이고 천상적 인격의 통일성이 드러난다. '우리가 부활하지 않는다면 그리스도는 부활하지 않으며 만사는 무가 된다'고 선언한 바울의 말이 이러한 생각의 예가 된다. 고난과 제한으로 점철된 세계보다 더 나은 세계가 없다면 신은 정의롭지도 선하지도 않으며, 정의와 자비가 없는 신은 신이 아니라는 생각이 그것이다. 이러한 논리에서는 신의 실존이 인간 개인의 실존에 종속된다. 스스로가 불멸하는 존재가 아니라면 누구도 신을 믿지 않을 것이라는 생각은 내 존재의 확실성이 신의 확실성을 담보한다고 여기게 만든다. 즉 "신은 나의 숨은 실존이며 나의 확실한 실존이다."

나의 소원에 제한으로 작용하는 자연이나 세계와 달리 신은 나의 소망과 감정에 일치하는 존재다. 이러한 통속적인 영혼 불멸에 대한 생각은 다른 내용들에서 토설되지 않던 종교적 감정을 노골적으로 드러낸다. 신의 실존이 아닌 인간 개인의 실존이 실제적인 종교의 문제라는 것이 그것이다. 바울의 선언이 의미하는 바도 바로 이것이다. "내가 영원하지 않는다면 신은 신이 아니며, 불멸이 없다면 신도 없다."

물론 심원한 기독교 신비주의자들에게는 불멸에 대한 이러한 통속적 증명이 필요하지 않다. 그들은 절대적인 인격성과 주관성의 개념인 신 개념 안에 이미 불멸성의 개념이 내재돼 있다고 여겼다.

천국은 신성의 본질이 펼쳐지고 인간의 은밀한 소망이 실현되는 곳이다. 그 천국은 어떠한 것들로 채워지는가? 포이어바흐는 신이건 천국이건 확실한 내용과 질을 가져야만 참다운 신과 천국이 된다고 지적한다. 지금은 그 내용이 무엇으로 채워져 있는지 모르지만 미래의 어느 시점에 확실해지는 천국은 그에 의하면 "종교적 회의주의의 고안물"일 뿐이며, 인간에게 현실적이고 효과적인 종교적 대상이 되지 못한다.

내세의 참다운 삶은 확실한 삶의 내용을 지닌 것이어야만 한다. 신앙이 인간의 가치판단을 반영한다는 사실로부터 우리는 천국의 내용을 추론할 수 있다.

천국에 대해 믿는 자가 천국을 채우기 위해 바라보는 곳은 바로 지상의 화단이다. 그는 이 지상의 화단에서 비판적이고 선별적으로 꽃을 채집해서 천국을 채운다. 인간에게 귀하고 아름답고 선하고 유쾌하게 느껴지는 것들이 그가 천국을 위해 수집하는 꽃들이다.

반면에 그의 기준을 충족시키지 못하는 제한들은 지상에 남아서 부정되어야 하는 것들이다. 천국의 삶은 그래서 나쁘고 추하고 불쾌한 현세의 삶과 대조되는 것들을 내용으로 갖는다. 하지만 천국을 채우는 것들은 모두 우리가 이미 지상에서 알고 있던 것들뿐이다. 그것들은 단지 지상에서 그들에게 붙어 있던 제한이 풀린 상태로 천국에서 발견된다.

"내세는 현세의 균열을 지양하고 인간이 자신과 일치되는 감정에 부합하는 상태를 실현한다는 의미 이외의 어떤 것도 아니다. … 내세는 이미 알려진 이념의 실현이며, 의식적인 욕구의 충족이며, 소원의 성취다. 내세는 현세에서 이념의 실현을 방해하는 제한의 제거일 뿐이다."

자기가 태어나고 자란 고향과 혼연일체가 되어 일생을 보내는 야생인이 그가 죽은 뒤 다시 돌아올 고향을 내세에 포함시키는 것처럼, 발달한 종교에서 나타나는 천국의 모습도 이 세상의 삶의 모습을 갖는다. 단지 후자에서는 가치판단을 통한 비판을 통해 긍정적인 것과 부정적인 것, 좋은 것과 나쁜 것 사이의 구분이 발생한다는 차이가 있다. 그러나 현세와 내세의 근본 규정은 본질적으로 동일한 내용으로 되어 있다.

"내세의 삶에 대한 믿음은 그러므로 현세의 참된 삶에 대한 믿음에 지나지 않는다. … 내세에 대한 믿음은 다른 미지의 삶에 대한 믿음이 아니고 현세에서 이미 참된 삶으로 인정되는 삶의 진리성, 무한성, 영원성에 대한 믿음이다."

신이 감정과 사유의 제한과 악으로부터 해방되고 정화된 완벽한 인간인 것과 마찬가지로, 내세 역시 제한과 악으로부터 해방된 현세의 다른 이름인 것이다. 현세에서 동경의 대상이던 것들은 내세라는 상상 속에서나마 현실적인 소유물이 된다. 결과적으로 천국은 이승의 제한과 재난에서 해방된 인격성의 영원한 행복을 그 내용으로 갖는다. 자연적 제한으로부터 풀린 주관성의 모든 소원이 이루어지는 곳이 천국이다. 결국 내세에 대한 신앙은 인간이 자기 자신의 영원성과 무한성에 대해 갖는 신앙이다.

천국과 인격의 불멸성에 있어 종교인이 그리는 노정은 원형의 구조로 되어 있다. 자신이 만족하는 고향에 머물러 있는 이성적 인간과 달리 종교적인 인간은 불만족스러운 고향을 떠난다. 그러나 그는 이방에서 고향의 행복을 더욱 생생한 것으로 느끼기 위해서 출향한 것뿐이고 결국 상상 속에서 고향으로 돌아간다. 더 영광스러운 형태로 스스로를 설정하기 위해서 우선 자신을 부정하는 인간, 버린 현세를 내세에서 더욱 빛나는 형태로 재설정하는 인간이 바로 종교적 인간이다.

이때, 그가 이 떠남과 부정을 통해서 거부하는 것은 세계의 본질이 아니라 세계의 상태일 뿐이다. 결국 내세는 상상을 통해 정화되고 미화된 현세다.

그러나 자신으로부터 분리된 종교인이 신 안에서 언제나 자기 자신으로 돌아오며 스스로의 주위를 돌고 있다는 사실은 부정할 수 없는 일이다. 기독교적 천상과 인격의 불멸성에 대한 논의에서도 포이어바흐는 동일한 결론을 도출해 낸다. 인간과 신의 본질은 동일하며, 인간이 종교의 처음과 중간과 마지막이라는 것이 그것이다.

"신은 자연의 모든 제한으로부터 벗어난 순수하고 절대적인 인격성이다. 신은 철저하게 인간적인 개체의 당위성과 미래성의 실현이다. 그러므로 신에 대한 믿음은 인간 자신의 본질이 가지고 있는 무한성과 진리에 대한 인간의 믿음이다. 신적 본질은 인간적 본질, 특히 절대적 자유와 비제한성 속의 주관적인 인간 본질이다."

제2장
종교의 참되지 못한, 신학적 본질

    제2장은 인간의 본질과 모순 속에 서 있는 종교를 조명한다. 이 모순들이 생기는 이유는 사변적인 신학의 농간 때문이다. 그래서 제2장은 "신학의 모순으로 가득 찬 망상을 제거"하는 부분으로, 부정적이고 논쟁적이며 파괴적인 성격을 띤다. 신학의 망상을 통해서 본래 인간적인 종교에 덧붙여진 비인간적인 부분들을 허위로 드러내는 것이 2장의 주된 과제이다. 이를 통해 포이어바흐는 신학을 통해 가려진 종교의 비밀이 "외래의 비밀이 아니라 토착의 비밀, 곧 인간성의 비밀"일 뿐이라는 사실을 재차 간접적으로 증명하려 시도한다.

    신학적 망상을 제거하려는 그의 논쟁은 다분히 계몽적이기에 제2장은 제1장보다 더 자신의 시대에 제한적으로 묶여 있다. 포이어바흐 역시 자신의 주저의 강점이 1장에 있다는 사실을 알고 있었고, 재판에서는 1장과 2장의 순서를 바꿀 계획을 세워 보기도 했다.

종교가 자신의 본질에 대한 인간의 관계라는 것이 제1장에서 밝혀진 종교의 진리다. 그러나 인간이 자신의 본질을 자신의 것으로 인정하지 않고, 자신과 분리되고 심지어 적대적이기까지 한 독립적인 존재인 신으로 설정한다는 데에 종교의 비진리가 놓인다. 포이어바흐에 의하면 바로 이 사실 안에 종교의 사악한 본질이 놓여 있고, 여기로부터 불행을 배태한 광신주의가 나온다. 종교사를 비극적으로 물들여 온 무수한 전율적 사건들의 신학적 최고 원리가 바로 신과 인간의 존재론적인 차이라는 원칙이다.

제20절 종교의 근본적인 입장

제1장에서 우리가 이미 만났던 이성의 이론적 입장과의 비교를 통해 포이어바흐는 종교의 근본적인 입장이 실천적이고 주

관적인 이기주의라는 사실을 다시 한번 강조해서 드러낸다. 존재하는 자연의 발생에 경탄하며, 호기심을 가지고 그 원리를 관찰하는 이론적 직관은 세계와의 조화를 꾀하는 자족적이고 자유로운 관점을 취한다. 반면에 마음의 자의적인 소원을 신으로 대상화하는 종교는 언제나 자신의 필요와 소원의 충족만을 꾀하는 실천적인 입장을 취한다. 이러한 입장은 이기주의적으로 물들어 자연과 세계를 있는 그대로 직시하지 못하고 자신의 이익과 필요를 위해 외부 세계를 무에 이르기까지 자의적으로 굴절시킨다.

종교가 가지는 이기주의적이고 실용적인 입장은 이미 인간의 구원과 행복이라는 종교의 목적에서 드러난다. 이 과정에서 신은 제한 없이 활동하여 소원을 성취하는 인간 마음의 자의성이 대상화된 것일 뿐이다. 기독교는 자신의 소원에 수많은 제한으로 작용하는 세계에 대한 불만족과 불행으로부터 태동한 세계 부정적인 종교다. 그래서 세계는 단지 신에게 돌아가는 길에서 스쳐 지나가는 곳으로 여겨질 뿐이다.

자신의 소망과 다른, 지상에서 고통당하는 자인 기독교인은 생존의 필요와 고통의 완화 그리고 구원과 행복이라는 목적을 넘어서는 자연의 다른 속성들을 보지 못하고 오직 이익과 소용의 관점 안에서만 세계와 관계를 맺는다. 그의 세계는 심미적인 예술가나 자유로운 이론가의 세계보다 작고 초라하다. 신은 근본적으로 실천적이고 실용적인 입장을 대변하는 존재이고 마음의 필요에 의해서 설정된 대상이므로 이론과 철학의 대상이 될 수 없다. 종교는 이성에 호소하지 않고 마음을 대상으로 삼아 마음에게 믿음을 강요한다.

종교가 마음을 믿음으로 강요하는 수단은 자신의 교리에 저주와 축복, 처벌과 행복 같은 보상의 관념을 결부시키는 일이다. 이론적 인간이 사태를 올바로 보기 위해서 누리는 자유의 일차적인 원리는 회의와 의심이다. 그러나 이것은 종교에서는 범죄와 동일시된다. 종교인도 의심하고 회의에 빠진다. 그러나 교리와 신에 대한 회의는 종교인에게 불안을 느끼게 만든다. 이렇게 죄책감을 동반하는 의심은 자유로운 이성의 본질일 수 없다.

일정한 구속 안에서만 사유하는 이들에게 자연, 즉, 있는 그대로의 세계는 고찰의 대상이 아니다. 세계는 종교인에게 자신의 소원이나 구원과 결부된 상태에서만 의미를 가질 뿐이다.

또한, 종교적 보상의 관념에 천국과 지옥, 신과 악마는 동일하게 필요한 요소들이다. 이것들은 모두 인간의 힘과 의지로 어떻게 할 수 없는 설명이 불가능한 초자연적인 힘들로 설정된다. 단지 한쪽은 인간에게 위해를 가하는 불쾌하고 나쁜 것이고, 다른 한쪽은 인간을 구원하는 선한 것일 뿐이다.

악마의 부정은 신의 부정과 동일하게 무신론의 증거가 되어 왔다. 불쾌하고 나쁜 것의 원인을 초자연적인 것으로 설정하지 않고 자연의 본성으로부터 설명하는 일은 결국 그것과 반대되는 선하고 좋은 신의 원인 역시 자연적 사물의 본성으로 소급시키기 때문이다.

이러한 상황에서 예정설을 통해 설명되는 인간의 구원은 다분히 자의적인 신의 결정에 달려 있다. 기독교 안에서 인간의 선하거나 악한 본성, 그의 구원 여부는 모두 인간의 의지와 힘의 영역을 벗어나는 것이다. 그것은 전적으로 신의 은총에 달려 있을 뿐이다. 그래서 은총은 자의적이며 우연과 동일한 것이다. 자연적 우연의 힘을 신의 자의 안으로 옮겨 놓은 것이 은총의 신비다.

신의 자의에 의해서 결정된 구원은 신과 인간 사이에 어떠한 매개도 허용하지 않는다. 세계의 시초에 존재하며 모든 운동과 변화의 원인이 되는 제1원인prima causa이나 부동의 원동자 같은 철학적 신은 종교의 본질과 상응하지 않는 오성의 산물일 뿐이다.

종교적 감성은 완벽한 독자적 운동의 주체인 신의 의지가 비독립적인 인간과 세계에 직접적으로 작용하기를 원한다. 설령 신의 의지가 발현된 결과인 구원이 지상에서 지연되더라도 천국에서는 언젠가 신과 인간을 분리하는 모든 물질과 육체가 사라지고 신과 경건한 영혼만이 남는다고 상정한다.

철학적 신과 종교적 감성을 모순 없이 연결시키던 장치는, 최초의 운동으로 나타났던 세계 창조의 의지가 역사 속에서 사물의 활동력을 매개로 계속된다는 생각이었다. 자연 세계의 모든 인과에 신의 섭리가 들어 있다는 생각이 그것이다. 이것은 사물의 독자성을 보장하는 개념이자 종교적 감성에 위배되는 세계의 모든 중간 원인을 신의 섭리 안으로 포섭시키려는 장치이다.

종교에서 세계가 창조되는 유일한 이유는 현실에서 나의 소원에 적대적으로 작용하는 세계를 무화시켜 전적으로 신의 자의에 맞기기 위함일 뿐이다. 이미 창조의 순간에 실재적 세계는 종교인의 감성 속에서 존재하지 않는 것으로 상상되고 무화된다. 그 결과 인간은 모든 중간 원인을 뛰어넘어 모든 긍정적이고 유익한 작용의 최후이자 유일한 근거인 신과 직접 접촉하게 된다.

기도의 전능 속에서 자연의 힘이 극복되고, 기도하는 자의 소망이 초자연적인 신의 의지에 의해서 직접적으로 성취된다는 것 역시, 모든 자연적 중간 원인을 무화시키는 기적과 동일하다. 기적은 신의 직접적인 작용이다. 그러나 기적은 이성이 경외하는 모든 법칙들을 무시하고 자연을 인간의 이기주의적 소망에 종속시킨다. 이론이 침묵하고 잠잘 때 감성적 직관은 자연 안의 모든 힘을 신의 작용으로 만든다. 포이어바흐의 비유처럼 실로 "신은 이론의 밤"이고 "밤은 종교의 어머니"이다.

결국, 이론이 가지는 자유를 사상한 대가로 종교적 인간이 향유하게 되는 것은 개별적 인간의 한계에서 해방되어 절대적이고 자의적이 된 신의 활동과 능력을 직접적으로 만나는 일이다. 그러나 이 신은 인간의 유적 개념이 대상화된 것일 뿐이다.

"인간은 종교 속에서 필연적으로 자신의 본질을 자신의 외부에 설정하고 자신의 본질을 다른 본질로서 설정한다. … 신은 인간의 다른 자아고 다른 잃어버린 반쪽이다. 인간은 신 속에서 자신을 보완한다. 인간은 신 속에서 비로소 완전한 인간이 된다."

현실성의 총체인 세계를 그 영광 속에서 드러나게 하는 이론과 비교할 때, 종교의 실천적 직관은 "이기주의에 의해 더럽혀진 불손한 직관"이다. 자신의 필요를 충족시키기 위해 세상을 이익과 필요의 관점에서만 바라보는 종교적 직관이 상실한 것은 이론적 직관에서 나타날 수 있는 현실적인 무한자의 의식, 즉 세계 안에서 실현되는 유적 인간에 대한 의식이다. 스스로는 무엇인지 잘 모르는 채 자신의 삶에 결여되어 있는 이것을 종교인은 신의 관념을 통해서 보완한다. 모든 자연적 중간 원인을 사상시킨 그의 세계에서는 신이야말로 그가 만날 수 있는 유일한 객관적 대상이 된다.

제21절 신의 실존에 나타나는 모순

종교는 인류가 유아적 상태였을 때의 의식을 드러낸다. 어린

아이가 자신을 타인처럼 대상화하듯이 초기의 종교는 인간의 본질을 긍정하고, 신성시하며, 자신과 독립적인 것으로 대상화하여 숭배한다. 그러한 이유로 종교의 근원에서는 숭배되는 대상인 신과 인간 사이에 본질적인 구별이 존재하지 않는다. 다만 종교는 어린아이처럼 그 자신의 인간적 본질을 극대화하여 자신과 다른 독자적인 신으로 정립한다. 비자의적이고 어린애다운 솔직함이 종교의 유년기가 가지고 있는 직관인 것이다. 고대 유대교의 신이 그 내용에 있어 철저하게 인간적인 것은 우연이 아니다. 기독교에 있어서도 이러한 정황은 비슷하다.

　신과 인간의 본질적인 동일성은 그리스도를 둘러싼 바울의 초기 표상들에서 매우 인간적인 특성들을 보인다. 그리스도가 신의 아들로 인간이나 천사들과 구별되어 영원한 존재의 반열에 오르는 것은 후기 신학을 통해서 발생한다. 동질성을 가진 신과 인간을 비자의적이고 자연스럽게 구분하는 단계에서 시작해 의식적이고 세련된 이론적 구분으로 넘어가는 것이 종교의 성장이 그리는 노정이다. 이 변화의 지점에서 종교는 신학이 되고, 종교 안의 오성과 이성의 사변이 증가한다. 인간적 본질과 신적 본질의 통일성에 대한 의식을 의도적으로 지워서 신과 인간을 구분하는 것이 신학이 경주하는 노력이다.

종교의 테두리 안에서 종교에 대해 이성적으로 사변하며 성찰하는 일이 바로 신학의 역할이다. 신을 인간과 구분하고 신을 인간의 밖에 있는 독립적인 것으로 설정하는 신학의 최초의 시도가 바로 신의 실존에 대한 존재론적 증명이다. 논거를 대어 증명하는 철학을 계시로 정해진 틀 안에서 행하는 일은 모순이다. 기독교적 철학이라는 개념이 모순 개념인 것과 유사하게 신의 존재를 증명하는 신학의 증명 역시 이미 정해진 답을 놓고 행하는 김빠진 논증을 닮았다.

존재론적 증명은 인간이 상정할 수 있는 최고 존재가 신이라는 것, 그리고 최고 존재는 실존성을 내포한다는 것을 가지고 신의 실존을 증명하는 논증이다. 비존재가 결함이기 때문에 최고의 완전한 존재는 실존할 수밖에 없다는 것이 신의 존재론적 증명의 내용이다. 그것은 신이 인간의 신앙과 본질 안에 있는 존재로만 남아서는 안 되며, 이것들의 밖에서 철저하게 현실적이고 감성적으로 인간과 구분되는 독립적인 존재가 되어야 한다는 당위를 증명하는 논증이다.

그러나 존재론적 증명을 통해서 암시되는 신의 실존이라는 개념은 역설적으로 무신론에 이르는 길이라는 것이 포이어바흐가 밝히는 모순이다. 신의 존재 증명이 신의 부인으로 이르게 되는 귀결은 존재론적 증명이 사유를 통해서 실존을 끌어내려는 불가능한 노력에 불과하기 때문에 발생한다. 어떤 것이 존재한다고 주장하면서도 경험을 통해서 그것을 감지할 수 있는 여하한 가능성이 차단될 때 그 주장은 공허한 것이 되고 스스로를 폐기하고 마는 것이다.

인간의 심정과 독자적으로 존재하기 때문에 신은 감각적인 존재일 수밖에 없다. 그러나 그것은 존재론적 증명이 사유를 통해서 일구어 낸 당위일 뿐 감성적 인간이 자신의 감각을 가지고 신을 경험할 방법은 존재하지 않는다. 그래서 신은 현실적인 존재이자 동시에 정신적인 존재로 칭해진다. 정신적인 존재란 감각과 상관없이 사유되고 믿어진 존재라는 뜻이다. 그래서 현실적인 존재이자 정신적인 존재인 신은 감성과 사유 사이를 부유하는 모순적인 중간물이다.

신의 실존이라는 개념은 경험적이고 감성적인 실존을 요청한다. 그러나 이 요청은 감성적으로 충족될 길이 없는 것이다. 그래서 내적인 실재성과 진리의 의미를 상실한 신의 독자적 실존에 대한 주장은 종교성을 해치는 결과를 낳는다. 그러한 신의 실존은 다만 철저하게 형상적이고 외적인 실존을 주장할 뿐이며 인간의 내적인 심경과 무관한 것이 되고 만다.

신의 실존이 경험적인 진리에 상응하는지의 여부가 문제가 되는 순간, 모든 종교적 도취와 고양은 상실되고 만다. 인간 내면의 심정과 하등의 관련이 없는 외적인 문제로 전락한 신의 실존에 대한 믿음과 종교는 그 위반이 제재의 대상이 되는 사회적 의무로 전락하고 만다. 그리고 이 의무의 외적인 준수를 통해서 증명되어야 하는 것은 이러한 신학의 올가미에 떨어진 인간이 무신론자가 아니라는 것일 뿐이다.

내적인 질과 정신적 내용과 무관하게 외부에 실재하는 신의 실존만을 믿고, 외적인 종교 의식이나 예식의 준수를 통해 자신이 무신론자가 아니라는 것을 증명하는 것은 그러나 덕을 부정하는 결과를 낳는다. 신이 선과 악, 덕과 악덕의 기준이라는 생각은 덕의 진실성을 덕의 외부인 신의 실존에 의존시키는 일이다. 그래서 덕의 필연적 조건인 신의 실존에 대한 믿음은 덕자체의 허무성에 대한 믿음일 뿐이다.

이러한 모순을 극복하게 해 주는 것이 종교적 상상력이다.

상상력은 외부에 독자적으로 실존하는 신과 인간의 심정을 연결해 주는 끈이다. 감성적이어야 하면서 감성적일 수 없는 실존에게 감성을 부여할 유일한 가능성은 상상력뿐인 것이다. 그래서 기독교의 신과 천국이 존재하는 참된 장소는 인간의 상상력이다.

제22절 신의 계시에 나타나는 모순

신의 존재론적 증명이 목표로 하는 것이 신의 실존을 오성적 사변을 통해 증명하는 것이라면 이 증명의 실제적인 증거가 되는 것이 계시다. 존재론적 증명이 이성을 통한 주관적인 증명이라면, 계시는 감성적 증거를 통한 객관적인 증명이 된다. 존재론적 증명이 달성한 신의 존재의 주관적 확실성이 감각을 통해 경험할 수 있는 외적이고 역사적인 사실이 되는 것이 계시다.

종교에서 확실한 사실Tatsache이 되는 것들은 어떤 것들일까? 강한 믿음은 그 믿음의 소유자에게 의미심장하며 그의 세계의 모든 곳에서 가치판단의 척도가 된다. 정신병자가 자신의 세계에 갇혀서 망상에 괴로워하거나 행복해하는 것도 동일한 맥락에 서 있다.

종교에서 사실은 확신되는 모든 것이다. 종교적 사실은 상상력이 외부에 가져다 놓고 현실이라고 간주하는 가능성이다. 이러한 이유로 종교에서의 사실은 이성의 영역을 넘어서 심정의 대상일 뿐이다. 종교인에게 기적은 사실이 된다.

계시를 통해 신의 뜻을 알아채는 인간의 활동은 돌고 도는 원운동이며, 쳇바퀴나 뫼비우스의 띠를 닮았다. 신을 능동적이고 자발적인 존재로 파악하는 종교적 심성은 기본적으로 수동적이다. 종교적 심성은 신의 활동을 받아들이고 그것을 통해서 규정된다.

그러나 전능한 신을 실제로 활동하게 만든 것은 주관적 인간의 종교적 심성이다. 그래서 계시를 신의 실존에 대한 증거로 받아들이는 인간의 마음은 결국 신의 규정 근거인 자신을 통해서 자신을 재규정하는 원환 구조로 되어 있다. 즉 "계시는 인간의 자기 규정에 지나지 않는다."

계시 신앙의 전제는 '유한한 인간에게 초월적 존재인 신에 대한 지식은 오직 신 쪽에서의 자발적인 정보 제공을 통해서만 주어질 수 있다'는 것이다. 그러나 계시의 내용과 표현 및 전달 수단은 모두 인간적인 근원을 가질 수밖에 없다. 왜냐하면 신의 계시가 인간에 의해 규정된 계시이기 때문이다.

신이 인간에게 계시를 통해 자신을 알릴 경우, 신은 철저하게 인간의 편에 서서 인간에 대해 고민하고 인간의 문제와 관련된 한도 내에서만 스스로에 대해 인간이 이해할 수 있는 언어로 계시할 뿐이다. 계시에 있어서 신은 내용의 분량을 결정할 자유는 있을지언정 그 내용과 형식에 있어서는 자유롭지 못하고 인간의 오성 규정을 따라야 하는 것이다. 종교가 인간학이며 인간은 스스로가 버린 것을 신을 통해서 다시 취한다는 포이어바흐의 일반 명제는 계시에서도 적절한 것으로 드러난다.

"신은 신 자신의 사유 능력으로 생각하는 것이 아니라 인간의 사유 능력으로 생각한다. 계시를 계획할 경우 신은 신 자신에 의존하는 것이 아니라 인간의 이해력에 의존한다. 신으로부터 나와 인간 속에 들어오는 것은 신 안의 인간으로부터 나와 인간에게 오는 것에 불과하다. 곧 인간의 본질로부터 의식적인 인간에게로, 유로부터 개체에게로 오는 것이다."

인간이 규정한 신의 계시가 종교에서 담당하는 긍정적 역할은 도덕적 행위를 산출한다는 것이다. 인간의 상상력이 자신의 내적 본질을 직관하여, 무의식적으로 외부에 한계가 없고 독자적이며 절대적인 존재로 인격화시킨 것이 신이다. 이 신이 내리는 명령은 종교인을 통해 준수된다. 그가 마음으로부터 이 명령을 기꺼이 따르는지 여부는 중요하지 않다. 항상 옳은 것인 신의 명령은 무조건 추종되어야 할 법이다. 이렇게 계시는 도덕적인 행위를 산출할 수 있다. 그러나 도덕적 행위의 산출은 아직 심정의 자발적인 동의를 의미하는 도덕감의 산출은 아니다. 포이어바흐는 계시의 이러한 측면이 인간에게 끼치는 해악을 다음과 같이 정리하고 있다.

"계시 신앙은 도덕적인 감각 및 취미, 곧 덕의 미학만을 부패시키는 것이 아니다. 그것은 또 인간 속에 들어 있는 가장 신적인 감각, 곧 진리에 대한 감각과 진리에 대한 감정을 해치고 죽여 버린다."

포이어바흐가 고찰하는 계시의 또 다른 측면은 그것이 가지는 문자적 전승과 관련돼 있다. 한정된 시공간에서 제한된 인원에게만 나타났던 역사적 사실로서의 계시가 문서화되어 전해지며, 이후의 종교적 믿음은 기록된 계시에 대한 믿음이 되었다. 그러나 시간성과 유한성을 조건으로 가지는 역사적 사실을 문서화한 책이 영원히 절대적이고 보편적인 의미를 가질 것이라는 믿음은 미신과 궤변으로 귀결될 뿐이다. 성경의 수많은 기록이 자기 모순적이며 도덕 및 이성과 모순되는 이유는 그것이 특정한 시대의 인간의 이해력에 맞춰진 표상들을 사용한 역사적인 책이기 때문이다. "한 번에 주조된 것처럼 영원하고 참되고 선한 책" 같은 것은 없는 것이다.

성경 속의 수많은 모순들에서 빠져나올 수 있는 방법이 바로 기독교적 궤변이다. 이 궤변이 저급하고 진실하지 못한 이유는 기독교적 진리관에서 그 원인을 찾을 수 있다. 객관적으로는 성경 안에, 주관적으로는 신앙 안에 부여된 절대적 진리는 신 자신이 말한 것이고, 인간은 그것을 수용하여 믿을 뿐이다.

종교 안에서 오성이 활동하더라도 그 오성의 지위는 주인을 따르는 개Canis Domini의 역할을 넘지 못한다. 자유와 의심이라는 스스로의 본질에 모순되는 위치를 차지한 오성에게 남은 일은 "참되지 않고 궤변적이며 간사한 사유"를 행하는 것이다. 종교 안에서 오성은 신의 계시가 드러내는 것을 믿고 변호할 뿐이다. 그러나 오성과 계시 신앙 사이의 모순은 역사의 진행을 따라, 계시의 시점이 더욱더 과거로 여겨지고 오성의 독자성이 커지면 커질수록 더욱더 필연적이고 강렬하게 드러난다.

제23절 신의 본질 일반에 나타나는 모순

기독교적 궤변술의 극치는 당연히 기독교 최상의 원리이자 근본 개념인 신의 개념을 둘러싼 궤변에서 발견된다. 그 본질에 있어서는 확대된 인간의 본질이면서도, 실존의 양태에 있어서는 인간과 다르게 독립적으로 설정되어야 하는 신의 개념은 오성과 사변에게는 기이한 개념일 수밖에 없다. 인격적이면서도 동시에 보편적이기 때문에 비인격적이어야 하는 존재, 무엇보다도 확실하게 실존하면서도 동시에 정신적이어야 하는 존재는 실로 오성에게는 불가해한 존재가 된다. 그 실존에 입각해서는 주장되지만 당위에 입각해서는 항상 거부되는 개념이 바로 오성에게 이상한 중간 존재로 비춰지는 신의 개념이다.

궤변에 의해서만 그 모순성이 가려지는 기독교의 근본 개념이
바로 신인 것이다.

신은 그 본질에 있어서 인간과 동일하다. 신은 인간에게 관
심을 갖고 기도를 청취하고 인간을 염려하고 사랑한다. 이러한
신의 본질은 인간적 본질의 내용과 다르지 않다. 그러나 신은
동시에 인간보다 높이 존재하는 독자적 존재로서 비인간성과
인간 외적 성질을 가져야 한다. 신의 개념을 둘러싼 문제를 단
순화하면 인간과의 본질적인 통일성(A)과 인간과의 근본적인
차이점(~A)을 동시에 가져야 하는 모순이 신 개념에 내재돼 있
다는 것이다.

마음의 소원을 상상력을 발휘해 신으로 대상화시키는 일은
종교적 심정이 하는 자연스러운 일이다. 이때 종교적 상상력은
인간의 본질을 직접적이고 무의식적으로 다른 신적인 존재로
대상화하여 설정한다.

그러나 이러한 상상력의 산물에 대해 신학은 사변적으로 성
찰하고 합리적인 이유를 찾으려고 노력한다. 이유와 원인을 추
적하는 사변은 본래 오성의 일이지만 이 오성의 활동이 종교
적 테두리 안에서 발생한다는 이유 때문에 오성은 자유롭지 못

하며 제한된다. 게다가 상상력의 산물에 대해 합리적인 이유를 찾으려는 노력이 성공할 리 만무하다. 그래서 신학적 성찰은 "거짓, 기만, 현혹, 모순, 궤변의 무진장한 보고"가 된다.

기독교적 궤변이 가장 많이 사용해 온 수법은 신적 본질의 탐구 불가능성과 불가해성에 대한 강조다. 이 불가해성의 비밀은 알려진 속성을 미지의 것으로 만들고 자연적 성질을 초자연적인 성질로 만들어 신이 인간과 다른 경이로운 존재라는 가상과 환각을 산출하는 데 있다. 그러나 경이로운 신의 불가해성은 종교적 상상력이 심정에 주는 인상을 통해서 만들어지는 사이비 개념이다.

종교적 상상력이 인간과 신에게 행하는 구별은 양적인 구별일 뿐이다. 인간에게서 제한으로 나타나는 것들이 신에게서는 해방되어 자유롭게 나타난다는 것이 양자의 근본적인 차이가 된다. 감성적 존재이면서 동시에 감성적 제한으로부터 벗어나 있는 존재가 신이다. 상상력이 제한 없이 펼쳐지는 감성이라는 의미에서 신은 상상력의 본질이 대상화된 것이다.

기독교가 신을 설명하면서 신에게 붙이는 속성들에 의하면, 신은 무소부재하고 전지전능하며 시공을 초월해 영원히 감성적인 존재다. 이러한 표상들을 통해서 인간의 한계들이 부정되지만, 이 모든 속성들은 본질적으로 인간을 규정하는 것들과 동일한 속성들이다. 신의 영원성과 무소부재를 통해 부정되는 것은 시간과 공간 안에 있는 존재가 아니라, 특정 시공간에 묶인 존재일 뿐이다. 마찬가지로 신의 전지전능을 통해서 부정되는 것은 감성적 경험에 얽매인 개별적 인간의 지식일 뿐이지, 지식의 본질적인 질이 아닌 것이다.

신도 모든 공간 안에서 존재하기를 원하며, 신도 인간이 알기를 원하는 모든 것들을 알기를 염원한다. 단지 인간에게서 제한으로 나타나는 것들에서 풀려서 완전성에까지 이르게 된 것들이 신의 속성으로 부여되는 것이다.

종교적 상상력은 이러한 제한을 신에게서 폐기한다. 그래서 인간 마음의 소망을 절대화하는 상상력이야말로 종교의 근원적인 기관이며 본질이다. 종교적 상상력을 통해서 인간은 감성의 지평을 확대한다. 그래서 종교 안에서 인간은 "탁 트인 하늘 아래sub divo" 서 있다.

오성의 활동이 제한되어 인문적 지식이 협소할수록 인간이 긴밀하게 종교에 매달려 온 것은 우연이 아니다. 종교인은 제한된 자신의 인식을 신을 통해서 극복한다. 신의 무소부재를 통해서 자신의 공간적 제한을 넘어서고, 신의 전지전능을 통해서 편협한 지식과 무능을 극복한다. 감성적 의식과 생명의 제한을 또다시 감성적이고 현실적인 활동을 통해 극복하려는 교양인과 달리, 종교적 인간은 상상의 마술적 힘에 의해 행복에 이른다. 세상에 의해 촉발되는 모든 고통과 제한은 이렇게 극복되고, 종교인은 신과 천국 속에서 신과의 완전한 일치에 이르러 소망을 성취하고 행복을 이룬다.

소박한 종교적 상상력에 의해 달성되는 인간과 신의 일치는 종교 안에서 사변적 오성이 움직이는 순간 다시 깨지고 만다. 반성Reflexion은 단지 양적인 차이에 불과했던 신과 인간의 차이를 질적인 차이로 만들고, 상상력이 산출한 신의 완전성과 무제한성을 인간과 구별되는 독자적이고 객관적인 존재의 불가해한 성질로 고정시킨다. 그러나 인간과 신을 불순한 의도를 가지고 구분하는 신학이 애용하는 신의 불가해성은 상상력의 대상인 신을 사변의 대상으로 만든 데서 발생한다.

창조는 물리학적 설명을 꾀하는 이론적이고 자연철학적인 개념이 아니다. 그것은 오히려 모든 중간 원인을 제거하고 자신의 소망을 초자연적인 힘을 통해 직접적으로 성취하겠다는 종교적 욕망의 표현일 뿐이다. 반면에 사변적 이성은 존재하는 모든 것들의 발생에 대해서 이유와 원인을 찾는다. 그래서 신의 창조가 어떠한 방식으로 일어났는지를 묻는 신학은 사실상 신의 창조에 대한 간접적인 의심을 드러낸다. 종교 안에서도 근절되지 않고 활동하는 오성의 사변적 활동이 바로 신학의 일이다. 포이어바흐는 이를 "신학은 한쪽 눈으로는 천국을 곁눈질하고 다른 쪽 눈으로는 현세를 곁눈질한다"라고 표현한다. 종교적인 테두리 안에서 상상의 대상인 것들에 교리에 부합하는 합리적인 설명을 가하겠다는 절망적인 노력이 바로 신학인 것이다.

이 신학의 물타기 논쟁들이 바로 기독교적 궤변의 핵심을 이룬다. 자연스러운 종교가 이룬 신과 인간의 본질적 통일성을 제거하여 신적 활동을 인간의 활동과 근본적으로 다른 활동으로 만드는 것이 신학의 목적이 된다.

포이어바흐는 이것을 신의 창조와 그리스도의 동정녀 탄생을 예로 들어 설명하고 있다. 생산하는 자연과 달리 신은 인간처럼 자신의 외부에 어떤 것을 만들어 낸다. 인간이 자신의 자의적이고 자유로운 활동을 기뻐하듯이, 신도 자신이 창조한 세계를 보고 마음에 들어 한다. 자의에서 오는 기쁨이 신격화된 것이라는 의미에서 신의 세계 창조는 인간이 무엇인가를 만드는 작업과 본질적으로 같은 것이다. 자신의 의지로 무엇인가를 만드는 것은 인간의 본질 규정이다. 그러나 신의 창조가 무로부터의 창조라는 사실로부터 그것은 인간의 규정을 넘어서는 것이 되고 만다. 그 결과 사유는 사유의 대상이 될 만한 것을 상실하게 된다.

　모든 불합리와 초자연적인 요소들은 상상력의 능력을 통해서만 종교적 대상이 된다. 그러나 신학의 사변이 이 불합리하고 초자연적인 요소들에 대해서 설명을 시도하는 순간 개념과 오성은 궤도를 이탈하고, 신학은 인간의 근본 규정들을 초자연적인 존재의 규정들로 바꾸어 신 안에 고정시킨다. 자연과 이성에 모순되는 제작, 즉 무로부터의 창조는 오성의 영역을 넘어서는 초자연적이고 불가사의한 제작이고 오직 상상력의 활동에 의해서만 가능해지는 제작이다.

　육화Incarnation와 그리스도의 탄생 역시 인간의 구원을 위해 인간의 감성에 상응하는 감성적인 신을 보내는 아버지의 사랑을 상징화해 낸 상상력의 산물이다. 고통받을 수 있는 능력, 아버지의 아들 사랑, 생식 등은 모두 인간적 규정의 내용을 가진다. 이러한 인간적 규정이 신을 설명하는 데 사용되고 있는 것이다. 인간이 신과 동일하다는 감정은 인간을 환희로 채우고 스스로를 망각하게 만든다. 그러나 종교적 감정이 이뤄 낸 신과 인간의 본질적 통일은 신학을 통해 다시 파괴되어 인간과 신은 독립하여 존재하는 것으로 변한다.

동정녀를 통한 그리스도의 탄생은 자연과 이성에 모순이 되는 불가사의한 무성 생식을 내용으로 하고, 죽은 그리스도는 다시 부활한다. 오성은 이것을 설명할 길이 없어서 인간적인 이해를 넘어서는 불가해하고 심오한 신의 속성으로 넘겨 고정시킨다.

인간적이고 자연적인 것은 신 속에서 그것을 넘어서는 다른 것이 된다. 그러나 종교의 테두리 안에서 활동하는 사변은 어떻게 이 변화가 일어나야 할지를 설명할 길이 없다. 이 변화에 상응하는 어떤 것들도 자연과 인간 안에서 경험되고 증명될 수 없기 때문이다. 그래서 신학이 내세우는 모든 사변적 설명은 사유와 표상의 대상이 주어지지 않은 상태에서 빈 개념들만을 가지고 행하는 공허한 유희에 불과하다.

　신학적 사변이 행하는 모든 작위가 공허한 이유는 종교적 신의 생명과 본질이 철저하게 인간 안에 들어 있기 때문이다. 따라서 신을 인간과 독립적인 것으로 설명하는 모든 시도는 종교적 심성이 설정한 신 안의 생명력과 본질, 즉 신이 인간과 가지는 공통성과 비상이성을 은폐하고 파괴하는 일이다.

제24절 사변적 신론에 나타나는 모순

　종교 비판과 더불어 포이어바흐의 비판이 겨누는 곳은 헤겔의 철학과 사변철학 일반이다. 종교가 위장된 인간학에 불과함을 밝히고, 종교를 통해서 신성시되는 인간적 힘들을 공동생활을 위해서 올바로 평가하고 사용하기를 원한 것이 그의 종교 비판의 긍정적인 측면이다. 헤겔적 절대정신의 뒤에서 그가 감지해 내는 것은 기독교적 신의 형상이다.

　그가 헤겔 철학에 가하는 핵심적 비판은 사고와 존재의 동질성에 가해진다. 다시 말해 철학자의 논리적이고 개념적인 사고가 세계를 적절하게 묘사할 수 있으며, 이러한 사고가 세계정

신이 자기를 전개해 나가는 일과 동일한 것이라는 기본 가정이 비판의 대상이 된다.

사고와 존재의 동일성이라는 가정은 결국 이성의 신성함을 표현하는 일이다. 신학에서 신이 모든 것인 것처럼, 이성이 모든 것이라는 주장을 통해서 이성은 이제 자신만의 추상의 세계에 갇히고 만다. 정신적 불임의 상태에서 자신과만 관계할 뿐인 사고의 한계를 넘어서 인간의 사고에 다시 감각적 사실성을 되찾아 주는 것이 포이어바흐가 사변철학에 가하는 비판의 긍정적인 측면이다.

신이 인간과 마찬가지로 인격체라는 주장에는 인간의 자기 긍정과 소외가 동시에 들어 있다. 신의 인격성은 상상의 힘을 빌려서 대상화되는 인간의 인격성일 뿐이다. 자신의 죄책감을 신의 노여움으로, 자신의 기쁨을 신의 호의로 변환시키면서, 인간은 신의 인격성을 통해 실제로는 자기의 본질 규정들과 심정의 움직임을 신적인 규정으로 외화시키는 것이다. 인간의 마음에 깊은 인상을 남기는 격동들이 한편으로는 인간 안의 신적인 힘들로 인정되면서, 다른 한편으로는 인간과 구별된 초자연적인 존재의 속성으로 외화되는 것이다.

신에 대한 인간의 의식을 신의 자의식으로 해석하는 헤겔의 사변론에서도 동일한 인간 의식의 자기 소외 과정이 발견된다. 신은 인간에 의해서 의식되고 사유되지만, 사변론은 이것을 신의 자기 사유로 해석한다. 사유가 내적인 정신 활동이고 신 역시 내적인 정신적 존재라는 사실에 입각하면, 신이 사유된다는 사실은 신의 본질을 필연적인 정신적 활동으로 인정하는 일이다.

신이 사유되는 방식은 두 가지다. 인간이 신을 사유하거나 신이 스스로에 대해서 사유하는 것이다. 이때, 신이 스스로에 대해서 사유한다는 것은 신이 인간과 구별되는 독자적인 자의식을 갖는다는 말이며, 신의 구체적인 인격성을 필연적으로 인정하는 말이다.

그러므로 결국, 신학이 하는 일과 비슷한 일이 발생한다. 인격성의 개념을 통해 신은 모든 인간적인 규정으로부터 독립하여 독자적인 존재가 된다. 인간의 속성인 사유하는 능력이 신으로 외화되면서 사유력의 긍정과 소외가 동시에 발생하는 것이다. 그것은 신적인 것이나, 이제 인간의 사유와는 상관이 없는 독자적인 것이 된다.

그러나 인격성을 통한 인간과 신의 분리가 영구히 상호 간의 무관심으로 연결되지는 않는다. 자신을 드러내려는 목적을 가진 신의 세계 창조가 그 증거다.

창조를 통한 신의 계시는 필연적으로 자연의 극점에 서 있는 인간을 향해 있다. 신이 스스로를 의식하고 사유하는 활동은 타자가 없는 동안에는 허무한 활동이다. 신과 구분되는 어떤 것이 등장할 경우에만 신은 자신을 신으로서 의식한다. 타자의 정립을 통한 자신의 정립이 신의 자기 사유와 관련된 세계 창조의 비밀인 것이다.

신에게 종교가 선물하는 모든 규정들 역시 창조를 통해서 비로소 실현되고 확증된다. 인간은 신 없이는 무에 불과하지만, 신 역시 인간 없이는 상상된 인격에 불과하다. 신은 자신의 생명과 온기, 감정, 신체적·지적·도덕적 특성들을 인간의 것으로부터 차용해 간다. 그런 의미에서 "인간은 계시되는 신"이다. 종교를 통해 인간이 행한 일을 신은 창조를 통해 역순으로 밟아 행한다.

"인간 속에서 비로소 신적 본질 자체가 실현되고 확정된다. 자연을 창조하면서 신은 스스로를 벗어나 스스로와 다른 타자와 관계하지만 인간 속에서 다시 스스로에 복귀한다. 신이 인간 속에서 스스로를 발견하고 인식하며 스스로를 신으로 느끼기 때문에 인간은 신을 인식한다."

신과 인간은 이렇게 서로에게 다가가서 역설적으로 자신을 발견하고 인식한다. 인간의 느낌과 지각 속에서 신의 특성들은 현실적인 것이 된다. 압박과 자유, 궁핍과 만족, 유한성과 무한성이 상호 보족적인 것처럼, 신과 인간은 연결돼 있고 신의 자기 사유는 인간의 사유와 분리될 수 없다. "인간은 신의 자기 감정"인 것이다.

신이 찬양받기 위해서 인간을 창조했다는 사실도 양자의 본질적 동일성의 표현이다. "신적 특성을 인간적인 지각으로 명확히 말하고 강조하는 신의 입"으로서의 역할이 창조를 통해 인간에게 주어진 것이다. 신은 결국 인간이 신을 느끼는 것을 자신을 느끼는 창구로 사용할 정도로 인간에게 의지한다. 그러나 신과 인간의 이 극적인 만남은 종교 의식과 신의 인격성이라는 표상을 통해 다시 지워지고, 인간과 신은 서로 구별되는 독자적인 존재가 되고 만다.

신에 대한 인간의 의식을 신의 자의식으로 읽는 헤겔의 관점을 뒤집어 재해석하여 포이어바흐는 "인간적인 의식이 이미 그 자체로 신적인 의식"이라고 강조한다. 그리고 인간의 의식을 소외시켜 인간과 구분되는 존재의 자의식으로 만드는 사변의 허위성을 지적한다.

의식과 그 의식에 필연적으로 의존하는 존재를 분리시키는 것은 허위고 기만이다. 특히, 신에 대한 의식은 인간 안에 있고, 신의 존재는 인간과 구별되어 있다는 사실을 주장하는 것은 허위다. 신의 의식이 있는 곳에 신의 존재와 본질도 있어야 한다. 거기가 바로 인간이 있는 곳이다.

결국, 종교 철학이나 신학의 위선을 극복하고 이들을 인간학 안에서 지양하는 것만이 종교의 비밀이 밝혀내는 인간적 힘들을 올바로 사용할 수 있게 해 줄 것이다. 신에 대한 인간의 지식과 신의 본질 규정들은 모두 인간에 대한 지식과 인간적 본질 규정들일 뿐이다. 인간은 자신의 규정들을 신적 규정으로 만들면서 이것들을 긍정하고 기념하고 있는 것일 뿐이다.

제25절 삼위일체에 나타나는 모순

『기독교의 본질』의 제2장은 인간의 자연스럽고 순수한 종교적 감정보다 나중에 발전된 종교에 대한 성찰인 신학이 이 순수한 종교감을 자기 파괴적인 모순으로 오도한 사실에 대한 고찰에 바쳐져 있다. 이러한 신학적 교리 중의 하나가 삼위일체 사상이다.

종교가 인간적 본질을 신적 본질로 대상화하는 것이라면 삼위일체 사상에서 대상화되고 있는 인간의 본질은 무엇일까? 신으로서의 신인 아버지 신과 고통받고 사랑하는 아들 신 그리고 성령이 하나라는 사상이 감추는 인간학적 비밀은, 인간의 사유력과 감성력, 그리고 이들의 통일성인 사랑의 능력을 인간이 신성하게 느낀다는 것이다. 참된 정신과 온전한 인간은 오성과 사랑의 연합이라는 것이 삼위일체 사상이며, 이것은 인간에게 생득적이고 자연적인 진리가 종교적으로 표상된 것이다. 그래서 삼위일체는 근본적으로 "인간이 인간의 본질 속에서 지각하는 근본적인 차이의 총체"를 나타낼 뿐이다.

그러나 인간에게는 본질에 있는 차이에 불과하던 것이 신의 규정에서는 실존 규정인 인격성으로 드러났다는 데 삼위일체의 신학적 모순이 있다. 이 모든 속성들은 인간의 본질 규정들이다. 그러나 이것이 종교적 상상력을 통해 신의 인격이라는 표상과 연결되면 이들은 더 이상 인간의 규정이 아니라 인간과 구별된, 독자적이고 인격적인 주체들로 표상된다. 동일한 본질이 가진 속성들의 차이는 이성적 관점에서는 차이로 남을 뿐이지만, 이 동일한 차이들이 종교적 상상력에게는 신의 통일성을 지양하는 다양한 인격들로 나타나는 것이다. 그리고 신학이 이것을 설명하려고 애쓰면 이제 삼위일체는 인간의 지성과 상상력 모두에게 부당한 요구가 되고 만다.

유개념으로서 인간의 본질은 하나이지만, 개별적 인간들은 그 인격적 차이 때문에 다양한 인간들로 구분된다는 생각은 자연스럽다. 상이한 인격체들인 인간이 인류라는 의미에서 동일하다는 생각은 인간의 오성과 감성 모두가 인정하는 것이기 때문이다.

신분, 빈부, 지식, 도덕의 격차를 보이는 개별적 인간들은 인류의 이념 속에서 하나가 된다. 그러나 이러한 사실은 기독교의 유일신에게서는 다르게 나타난다. 신의 세 인격은 인간 본질 안의 차이가 신격화되는 것이나, 이 신 안의 인격들은 서로 서로의 밖에 실존해서는 안 되는 것으로 상정된다. 이 인격들이 각자의 밖에 실존하는 것이 될 경우 유일신이라는 개념에 모순되기 때문이다.

그러나 서로서로 구별된다는 데에 인격의 본질이 들어 있다. 즉 복수성이야말로 인격을 인격으로 만드는 본질적인 요소다. 그러나 기독교의 신은 세 인격을 갖는 단일적인 존재다. 하나에 해당하는 셋이라는 이 생각은 "신성이라는 불가사의한 끈"에 의해서 유지될 뿐이다.

인간의 아버지와 인간의 아들은 그들이 아버지나 아들의 역할을 하지 않을 때에도 독자적인 인격체를 유지하며 실존한다. 그런데 신에게서는 아니다. 삼위일체 사상 안에서 동일한 신의 세 인격들이 구분되는 것은 서로의 추상적인 관계가 조명될 때뿐이다. 아버지는 아들과의 추상적인 관계에서만 아버지로 드러나며, 아들 역시 아버지와의 추상적인 관계에서만 아들의 역할로 조명된다. 아버지 역할을 하지 않는 여타의 부분과 아들 역할을 하지 않는 여타의 부분들에서 이들은 동일한 신으로 이해되어야 한다.

아버지 신과 아들 신은 서로의 추상적인 관계성이 조명될 때를 제외하고는 그저 신으로 동일하다. 그렇게 신적 인격들은 단순히 추상적인 관계를 나타내는 상대적인 개념일 뿐이다. 그러나 동시에 이것을 각각 독립적인 존재들로 표상해야 한다는 당위가 삼위일체의 교리를 "현혹, 환상, 모순, 궤변"으로 만든다. 이것은 인간의 본질을 드러낼 뿐인 종교적 표상들을 인간적 본질과 구분되는 진리로 설명하려는 모든 경우에 나타나는 필연적인 귀결이다.

제26절 성사聖事, Sakrament에 나타나는 모순

종교의 대상이 되는 신에게서 나타나는 신학적 모순은 그 신을 나의 신으로 영접하고 그 신과 합일되는 종교 의식인 성사 Sakrament에서도 드러난다.

포이어바흐는 신을 종교의 객관적 본질이라 부르고, 성사의 내용을 이루는 믿음과 사랑을 종교의 주관적 본질이라고 부른다. 기독교 교리에서 믿음과 사랑 외에도 소망이 하나 더 거론되지만, 이것은 미래와 관련된 믿음에 불과한 까닭에 엄밀하게는 믿음과 사랑만이 기독교의 주관적 본질이 된다. 이 믿음과 사랑이 예배에서 외형적으로 표현되는 것이 바로 성사다. 믿음은 세례를 통해서, 사랑은 성만찬을 통해서 감성적으로 드러난다.

성사의 비밀은 성사에 참여하는 인간에 의해, 성사의 기초가 되는 자연적 재료들에 초자연적인 의미가 부여된다는 데 있다. 이러한 사실은 종교적 상징들이 가지고 있는 일반적인 이중성에 대한 또 한번의 확인이 된다.

종교적 비의를 발설하는 문장들에서 주어나 목적어에는 인간적이거나 자연적이며 실재적인 상징들이 사용된다. 그러나 이 주어와 목적어를 설명하는 술어에는 이 실재성을 뛰어넘는 초월적인 상징들이 사용되고 있다는 것이 종교적 상징의 이중성이다. 육체적이고 물질적인 것을 가지고 천상적이고 초자연적인 것을 지시해야 하는 임무가 종교적 상징에 주어지는 것이다. 성사야말로 이 종교적 상징이 가지는 중의성에 대한 탁월한 예다.

자신이 선택받은 기독교인이라는 믿음을 감성적으로 드러내 강화하는 '세례'는 자연에서 온 재료인 물을 가지고 행해진다. 이 물로 행하는 세례를 통해 인간은 원죄를 씻고 정화되고, 악마의 영향에서 벗어나 새로운 사람으로 거듭나는 부활의 목욕을 경험하며 신과 화해한다.

자연적 재료인 물이 이러한 초자연적인 일들을 행한다는 것은 기적이다. 그리고 대부분의 기적은 신이 하는 초자연적인 활동에 적합하고 유사한 자연 재료들을 가지고 일어난다.

예를 들어 포도주는 그리스도의 피로 변하고, 빵은 그리스도의 살로 변한다. 그 속성은 변할지 모르나 액체와 고체라는 유사한 성질들은 보존된다. 자연적인 물이 인간의 청결에 사용되고 빵이 양식이 되는 것도, 변화된 물이 인간의 죄를 정화하고 그리스도가 영적 양식이 되는 것과 유사하다. 자연적 성질들에 대한 인정이 성령의 기관이나 수단을 선택하는 데에도 작용하고 있는 것이다. 하지만 세례에 들어 있는 물의 자연적 의미는 성사를 통해 기적적으로 변화하여 초자연적인 의미를 얻는다.

성만찬의 대상은 그리스도의 몸으로 변하는 빵이다. 하지만 성만찬에 참여하는 자는 이 변화한 빵이 그리스도의 몸이라고 믿어야 한다. 그렇지 않은 경우 그가 먹는 빵은 단순히 자연적인 빵에 지나지 않기 때문이다. 적절한 믿음을 가지고 성만찬에 참여할 경우, 여기 있는 이 물리적 빵의 작용은 더 이상 물리적이지 않고 정신적이고 주관적이며, 전적으로 믿는 자의 신앙에 의거해서 초자연적으로 작용한다. 성사에서 성체의 현실적인 효과가 달려 있는 정말 중요한 부분이 바로 주관성과 정신성이라는 사실은 여기에서도 종교의 핵심이 상상력이라는 사실에 대한 또 한번의 확인이 된다.

성사가 촉발하는 믿음과 고양의 효과, 성사의 객관적인 힘과 진리는 오로지 성사에 참여하는 자에 의해서만 촉발될 뿐이다. 성사에서 가장 중요한 것은 종교인이 성사의 재료인 빵과 포도주에 부여하는 의미인 것이다. 이것은 포이어바흐의 "아무것도 가져오지 않는 사람은 아무것도 갖고 가지 못한다"라는 말을 통해 알 수 있다.

인간은 스스로에 의해 촉발될 뿐이며, 자신이 가져온 의미를 돌려받을 뿐이라는 것이 성사의 비밀이다. 포도주와 빵을 포도주와 빵으로 만드는 성질을 제거하고 남는 것은 무일 뿐이고 변화한 그리스도의 피와 살은 객관적으로 실재하지 않는다. 실재하는 것을 실재하지 않는 것으로 만들고 비현실적인 것에 현실적인 의미를 부여하는 것은 상상력의 힘이다. 성만찬에서 모든 것은 인간의 마음 안에서, 즉 상상 안에서만 일어난다.

원죄를 씻는 물이나, 그리스도의 피와 살로 변하는 포도주와 빵은 기적이다. 그리고 기적은 그것을 경험하는 자에게 기적을 행하는 자에 대한 믿음을 강요한다. 그러나 기적에 의지하는 신앙이야말로 감성적으로 증명된 튼튼한 신앙이 된다. 이 사람이 그리스도라는 것을 확인시켜 주는 것이 바로 기적이다.

상상력의 대상인 것을 학문과 이성의 대상으로 삼는 것은 잘못된 일이다. 신앙은 이성이 부정하는 것을 상상력을 통해서 가능하게 만든다. 그래서 현실의 진리를 파괴하고 세계와 이성을 파괴하는 성만찬이야말로 종교적 심성이 누릴 수 있는 최대의 향유가 된다.

성만찬의 다른 측면에 대한 인간학적 해석도 성만찬을 종교인의 주관성이 누릴 수 있는 최고의 향유로 인정한다. 종교 안에서 신을 통해서 자신과 관계하는 인간에게 신은 행복의 수단이 된다. 성만찬은 인간이 자신의 신과 하나가 되었다는 감성적인 증명이다.

인간은 신을 먹고 마시며 신을 양식으로 삼는다. 이러한 방식으로 그는 자신을 신의 신으로 설정하는 즐거움을 누리는 것이다.

한편, 제도화된 종교의 더 큰 문제는 종교가 적절한 믿음의 내용이 빠진 성사의 외형을, 그 자체로 존재하는 현실적인 것으로 만든다는 데 있다. 성사의 제도화를 통해 성사의 핵심인 종교감과 부차적인 상상적 사실은 그 중요성의 정도에 있어서 전도顚倒되기에 이른다. 그리고 인간적 실재를 가상적 신성 아래에 종속시키는 이러한 왜곡을 통해서 성사는 상상이 현실로 둔갑하는 미신으로 타락한다. 게다가 행위 자체의 신성함이 사상된 상태에서도 성사에 참여하는 것이 구원을 가져온다는 믿음은 도덕성을 타락시킨다.

제27절 신앙과 사랑 사이의 모순

제2장의 마지막 절은 성사를 비롯한 기독교 교리의 근간이 되는 신앙과 사랑의 관계를 고찰한다. 인간의 본질을 인간에게서 분리하여 독자적인 인격체로 존재하는 신으로 설정하는 종교의 구조에 있어서 신앙과 사랑은 언뜻 보기에 보족적인 관계를 취하고 있는 것처럼 보인다.

먼저, 신앙은 종교의 제의적 형식을 만들고 인간과 신을 분리하며, 그 결과 인간을 자신의 본질과 분리한다. 신앙은 신을 특별한 존재로 개별화하고 이성과 자연에 반하는 무리한 율법과 교리를 만들어 내는 배타적인 힘이다.

반면에 사랑은 신앙이 교리와 형식을 통해 감추는 인간과 신의 본질적 동일성을 드러내고 신앙에 의해 분리된 양자를 다시 통합한다. 사랑은 신과 인간의 사랑을 동일하다고 선포하고 신을 일반화하는 자유와 치유의 힘이다. 문제는 신앙과 사랑이 행하는 분리와 통합, 상처와 치유가 동등하게 발생하지 못한다는 데 있다.

유일신과 신의 독자에 대해서 믿는 기독교의 신앙은 자신의 가치 기준에 의해 참과 거짓을 구별하고 진리를 독점한다. 유일신의 계시에 의존하는 이러한 신앙은 본질상 배타적이며, 자신의 믿음과 구분되는 다른 믿음을 객관적으로 평가할 자유와 능력과 관용을 가지고 있지 않다. 이러한 배타성은 신앙인에게 타인과 구별되는 특권 의식을 부여한다.

이렇게 본성상 배타적인 신앙은 자신과 타인을 거리낌 없이 구별하면서 발생했고, 교회는 믿지 않는 자와 다른 신앙을 가진 자들을 완전한 권리를 가지고 저주했다. 특정하게 규정된 신을 믿기를 강요하는 신앙은 강제적인 것이라서 그 믿음의 내용과 형식이 교리로 고정되는 것 역시 필연적인 일이다. 신앙의 내용이 기록된 성경이 한 번에 주조된 영원하고 참된 책이 아니라 여러 저자들에 의해서 저술되었고, 우연하고 서로 모순되는 즉흥적인 표현들을 담고 있다는 사실도 교리Dogma가 정해져야 할 필연적인 이유가 된다. 기독교를 통일되고 일관된 종교로 만들어 줄 독단적인 한계 설정과 규정들이 신앙에 요청되는 것이다.

이렇게 규정된 종교는 이제 자신의 믿음과 동일한 믿음을 갖지 않은 자들을 그리스도의 적으로 선언하고 추방하고 저주한다. 사랑의 세례로 표현되기도 하는 신앙은 기독교인만을 사랑할 뿐이다. 원수를 사랑하라는 명령은 하나님을 부인하는 신앙의 적에게까지 미치지 않는다. 그것은 개인적인 윤리에서만 통용되는 사랑이며 신앙의 국제법이 될 수 없다. 바울의 관용주의가 허용하는 자유 역시 신앙의 테두리 안에서만 통용되는 자유다. 그 선을 넘어서는 경우에는 신의 분노 안에 존재 근거를 갖는 지옥의 불이 기독교인의 눈에 나타난다. 모든 것을 걸고 지켜야 하는 신의 명예가 걸린 신앙은 본질적으로 당파적이며 관용을 모른다. 기독교인의 내세에는 신앙을 거스르는 것들이 더 이상 존재하지 않으며, 유일하게 존재하는 상반성인 지옥은 승리한 신앙인의 자신감과 기쁨을 배가할 목적으로만 존재한다.

반면에 사랑은 죄 안에서도 덕을 느끼고 오류 속에서도 진리를 찾아내는 자유롭고 보편적인 힘이다. 사랑은 보편적이고 자기 목적적이고 제한을 모르며, 바로 이러한 이유로 자유로운 이성과 통한다. 그러나 종교인 기독교는 사랑에게 사랑의 본질인 자유를 허락하지 않았고 사랑을 단지 피상적인 장식으로 사용했을 뿐이다. 공개적인 교리일 뿐인 사랑은 기독교에서 실제적인 교리인 신앙의 지배 아래 종속된다.

'신은 사랑이다'라는 기독교 최고의 명제는 사랑만이 절대적인 신의 본질이라는 사실을 주장하는 것이 아니다. 이 명제에서 신은 사랑 이외에도 무언가 다른 여지를 많이 가지는 주어이고, 사랑과 구별되어 매정해질 수도 있는 존재다. 제한된 사랑이 거짓 사랑이라면 신앙에 의해 제한된 기독교적 사랑 역시 참되지 못한 사랑이다. 그 자체로 신성하고 자신 이외의 근거와 법칙을 알지 못하는 사랑이 신앙의 명령과 지배를 받게 되는 순간, 사랑은 스스로의 독자성을 포기하고 참된 사랑이기를 그친다.

사랑과 신앙이 공존할 수 없다는 사실은 사랑 자체보다 신성한 어떤 것도 모르는 사랑의 무신론적인 특성을 생각하면 스스로 자명해진다. 그래서 사랑을 최상의 법칙으로 삼을 수 없고 신앙의 권위에 우선을 두는 기독교적 사랑은 사랑의 본질에 모순되는 사랑이며 사랑의 진리를 모독하는 사랑이다. 이는 나아가 "기독교적인 사랑은 신앙을 극복하지 못했기 때문에 지옥을 극복하지 못했다"라는 표현으로 이어진다.

그 자체만으로 충분한 보편적 정서인 사랑은 인류의 본성에서 유래한 이념이고, 기독교보다 오래된 이념이다. 그리스도가 참으로 인류를 사랑했다면 오직 이 인류의 본성이라는 힘을 가지고 인류를 사랑한 것이지 그 자신의 인격에 기초해서 사랑한 것이 아니다. 우리가 서로 사랑해야 하는 것이 그리스도가 우리를 사랑했기 때문이라면, 그 사랑은 꾸며진 거짓 사랑이고 흉내 낸 사랑에 불과하다고 포이어바흐는 지적한다. 사랑의 근원이 그리스도가 아니라, 그가 자신의 존귀한 본성을 사랑으로부터 빌려 온 것이기 때문이다.

우리가 그리스도의 생애를 존귀한 것으로 승인하는 이유가 바로 여기에 있다. 인간을 사랑하고 인간을 위해 사랑한 그의 생애가 사랑의 법칙과 개념에 일치한다는 것을 우리가 이해하기 때문이다. 그러나 우리가 그와 동일하게 인류의 이념 안에서 인간을 사랑하는 순간, 이상적 인격이자 유의 의식을 대표하는 형상인 그리스도는 사라지고 사랑의 행위만이 남는다.

제28절 결론

결론부에서 포이어바흐는 『기독교의 본질』이 달성한 일들이 무엇이며, 이것을 수긍하는 것이 왜 인류 역사에 필연적인 전환점이 되는지를 밝히고 있다. 달성된 일은 첫째로, "종교의 내용과 대상이 철두철미하게 인간적인 내용과 대상이라는 것"과 "신학의 비밀이 인간학이며 신적인 본질의 비밀은 인간적 본질의 비밀이라는 것"을 증명한 것이다. 그리고 둘째로, 종교가 이러한 사실을 인정하지 않는다는 것을 밝힌 것이다. 이것을 고백하고 인정하는 것이 인류 역사의 전환점이 되는 이유는, 이것을 통해서 인류가 그동안 힘을 낭비해 온 환상이 파괴되고 인류가 인류에게 올곧이 집중할 수 있게 되기 때문이다. 이 고백과 인정을 통해서 "인간이 인간에게 신이다Homo homini Deus est"
라는 사실이 분명해지기 때문이다.

유적 인간의 본질이 대상화된 신이 독자적으로 존재하는 인
격신으로 상정되는 순간, 이 신은 삶과 인간에게 바쳐져야 할
인간의 모든 생각과 최선의 힘을 자신에게 바치게 하는 가상의
존재가 되며 인간 위에 군림하게 된다. 그 결과, 인간은 인간에
게 신성한 것들의 근거를 더 이상 그것들 자체의 성질 안에서
찾지 않고 상상된 존재인 신 안에 설정하거나 신으로부터 연역
해 내게 된다. 인간은 수동적으로 변하고 진리와 덕, 참된 사랑
에 대한 감각을 상실하게 된다. 이것이 바로 포이어바흐가 종
교를 비판하는 이유다. 비판의 방식은 종교 안의 참된 것과 거
짓된 것을 구분하는 것이다. 이 일은 종교적 관계를 뒤집어서
보는 것을 통해서 달성된다.

"우리는 종교적 관계를 뒤집기만 하면 된다. 곧 우리는 종교가 수
단으로 설정하는 것을 목적으로서 파악하고 종교에서 종속적인
것, 부차적인 것, 조건인 것을 핵심 사항, 원인으로 높이기만 하
면 된다."

성사를 이런 식으로 다시 바라보면서 그는 종교적 상징에 담긴 비자연적이고 불합리한 모순들로부터 해방되는 일이 종교적 상징에 부여된 초자연적인 의미를 자연적 의미로 되돌리는 일로부터 시작된다는 것을 보여 준다. 세례에 쓰이는 물은 그것을 통해 성령이 전달되는 신성한 초월적인 물질이 아니라, 물 자체의 의미에 대한 표식으로 쓰여야 한다. 인간의 본질을 인간으로부터 분리해서 대상화한 종교가 이제까지 하찮은 것으로 취급해 왔던 인간적이고 자연적인 것들의 중요성을 인정하고 인간 안의 힘들을 신성한 것으로 찬미해야 한다. 육체를 정화하고 미몽을 깨우며 욕망의 열화를 잠재우고 심신을 치유하는 물의 자연적인 의미는 그 자체만으로도 인간에게 중요하다. 그러나 인간을 자연과 연결시키는 물의 의미는 인간을 자연과 구분하는 보충을 통해서 더 완전해질 수 있다.

포이어바흐가 내세우는 문화적 상징은 포도주와 빵이다. 이것들은 인간이 자연에서 받은 질료인 포도와 곡식에 인간의 정신이 형상을 부여해서 구현해 낸 문화적 산물들이다. 이들은 인간이 생산해 낸, 자연을 넘어서는 것들이며, 유일하게 이성과 자연에 모순되지 않는 의미로 인간 정신의 초자연적인 힘을 상징하는 것들이다. 포도주와 빵이라는 상징은 그래서 자연과 함께 살아가며 자연과의 조화로운 문화를 구가하는 인간의 힘을 찬미하는 것들이다. 종교는 그 핵심에 있어서 인간 본질의 진리와 영원성에 대한 인간의 믿음이다. 포도주와 빵은 인간만이 인간에게 신이고 구세주라는 사실을 현재화하고 구체화해 내는 상징들이다. 만찬의 비밀은 자연 안에서 자연을 넘어서는 인간의 이 힘을 기념하는 것이고, 이 기념에서는 먹고 마시는 것이 그 자체로 이미 종교적 행위인 것이다.

"그대를 굶주림의 고통으로부터 구하는 한 조각의 빵에서, 그리고 또 그대의 마음을 즐겁게 하는 한 모금의 포도주에서, 그대에게 이들 유익한 선물을 보내는 신, 곧 인간을 생각하라! 그러나 인간에 대한 감사를 이유로 자연에 대한 감사를 잊어서는 안 된다. 포도주는 식물의 피며 빵은 식물의 살이다. 그리고 그것들이 그대의 생존과 건강을 위하여 희생으로 바쳐진다는 것을 잊지 말라!"

[세창명저산책]

세창명저산책은 현대 지성과 사상을 형성한 명저를 우리 지식인들의 손으로 풀어 쓴 해설서입니다.

· 세창명저산책은 계속 이어집니다.